Nivea Canalli Bona

Assessoria de imprensa:

ponte entre jornalistas e sociedade

EDITORA intersaberes

SÉRIE EXCELÊNCIA EM JORNALISMO

DIALÓGICA

O selo DIALÓGICA da Editora InterSaberes faz referência às publicações que privilegiam uma linguagem na qual o autor dialoga com o leitor por meio de recursos textuais e visuais, o que torna o conteúdo muito mais dinâmico. São livros que criam um ambiente de interação com o leitor – seu universo cultural, social e de elaboração de conhecimentos –, possibilitando um real processo de interlocução para que a comunicação se efetive.

Rua Clara Vendramin, 58 . Mossunguê
CEP 81200-170 . Curitiba . PR . Brasil
Fone: (41) 2106-4170
www.intersaberes.com
editora@editoraintersaberes.com.br

Editora-chefe
Lindsay Azambuja

Supervisora editorial
Ariadne Nunes Wenger

Analista editorial
Ariel Martins

Preparação de originais
BELAPROSA

Capa e projeto gráfico
Charles L. da Silva

Diagramação
Andreia Rasmussen

Iconografia
Regina Claudia Cruz Prestes

Dados Internacionais de Catalogação na Publicação (CIP)
(Câmara Brasileira do Livro, SP, Brasil)

Bona, Nivea Canalli
Assessoria de imprensa: ponte entre jornalistas e sociedade/
Nivea Canalli Bona. Curitiba: InterSaberes, 2017.
(Série Excelência em Jornalismo)

Bibliografia.
ISBN 978-85-5972-490-5

1. Assessoria de imprensa 2. Comunicação de massa
3. Jornalismo 4. Jornalismo – Aspectos sociais I. Título II. Série.

17-07071 CDD-070.4

Índices para catálogo sistemático:
1. Assessoria de imprensa: Jornalismo 070.4

1ª edição, 2017.

Foi feito o depósito legal.

Sumário

Dedico esta obra a todos os comunicadores
que servem como "ponte" em qualquer tipo de
organização; com carinho especial, este livro é
dedicado aos jornalistas que trabalham na assessoria
de imprensa. Durante muito tempo, esses profissionais
foram vistos como "inimigos" da área jornalística,
até que as pontes começaram a fazer sentido para
todos aqueles que atuam nas redações, bem como
no mercado, nas instituições e nas organizações que
demandam a assessoria de imprensa.

Agradecimentos

Se olhar ao redor, você perceberá que nada do que faz depende somente da sua atuação. Você verá que tudo que produz, pensa, reflete e conclui tem um bocado de contribuição das pessoas com quem conviveu, trabalhou e estudou. Eu, por minha vez, posso dizer que tenho pessoas fantásticas ao meu redor, as quais ajudaram diretamente essa publicação a sair das ideias lançadas no ar e se tornar algo tangível. Entre elas, com orgulho imenso, cito dois ex-alunos que se tornaram excelentes profissionais da área da assessoria de imprensa e que estão, como todo mundo deveria, superando os mestres: Alexandre Gasparini e Rafael Giuvanusi. Algumas das experiências aqui exemplificadas vieram de relatos do dia a dia de ambos.

Outro profissional que compartilhou suas experiências da prática diária foi Anderson Lopes. Agradeço pela contribuição de seu pensamento crítico sobre o exercício da profissão.

Também agradeço a duas amigas queridas, de tempos de faculdade, que se embrenharam pela assessoria de imprensa, tornaram-se *experts* e trouxeram grandes luzes para as dicas que você irá encontrar aqui: Brisa Teixeira Oliveira e Katia Pichelli.

Agradeço também ao amigo Washington Uranga pela rapidez e presteza em ajudar nas pesquisas no âmbito da América Latina, mais especificamente dos irmãos da Argentina.

Meu agradecimento especial vai para Denise Becker, sempre incansável na arte de me ajudar em qualquer missão, desde transcrever entrevistas até ir à biblioteca pessoalmente e checar a página de um livro para colocar nas referências corretamente.

Contei também diretamente com a ajuda do Professor Jorge Duarte, absolutamente prestativo em me mandar materiais de reflexão e pesquisas próprias quando boa parte dos meus livros estava em um navio... Obrigada, Duarte!

O maior agradecimento vai para os meus clientes, minhas sócias e meus parceiros de trabalho que me possibilitaram forjar a experiência de mais de 20 anos na área da comunicação organizacional, na discussão de estratégias, nos erros e acertos e nos riscos que foram assumidos em cada projeto.

Por fim, o agradecimento mais importante: à força imensa que nos mantém vivos e nos faz sermos donos do nosso destino.

Prefácio

Aceitei prefaciar o livro de Nivea Bona num piscar de olhos. Do tipo convite feito, convite aceito. Explico a razão: respeito e admiração pelo profissionalismo, versatilidade, irreverência e aspecto inovador que ela dá aos seus projetos. Lisonjeado, para mim é um desafio criar este prefácio. Sendo assim, literalmente com as mãos na obra, optei por destacar pontos-chave sobre assessoria de imprensa e jornalismo que permeiam todo o livro e que se apresentam como fundamentais, tanto para o iniciante nesse tema quanto para o mais experiente. É válido lembrar, ainda, que revisitar conceitos e práticas da profissão deve ser uma constante entre os profissionais da comunicação.

Assim, esta obra escrita por Bona é mais do que poderíamos chamar de um *manual de assessoria de imprensa*. As páginas a seguir darão a você, leitor, a exata compreensão do que é e como fazer assessoria de imprensa, bem como abordarão os principais conceitos da atividade, a sua profissionalização nos últimos anos, seu lugar na universidade, sua ascensão no mercado de trabalho e o respeito conquistado perante os profissionais da área, as diferentes opções de caminhos a seguir, os produtos de comunicação, além do relacionamento com a mídia. Mas, principalmente, acredito eu, você entenderá, definitivamente, que **assessoria de imprensa** é **jornalismo**.

Todas essas questões, e outras ainda, ganham mais realismo quando vêm de uma profissional experiente na área, com mais de 20 anos de formação e que teve a oportunidade de viver a prática da profissão, assim como transitar por corredores universitários como professora e coordenadora de curso relacionado à área, para, neste material, poder discutir as questões inerentes à profissão a seu modo e em detalhes, com a clareza e objetividade que os teóricos tanto apreciam.

Ao longo da leitura, você perceberá que um assessor de imprensa precisa ser jornalista (já depois de bem esclarecidas as batalhas travadas com a área de relações públicas), saber tudo sobre jornalismo – arrisco a dizer que será mais cobrado do que os colegas de redação – e ter uma mente aberta para trabalhar em colaboração com outros profissionais de campos afins, como relações públicas, publicidade, *marketing* e, agora mais do que nunca, *webdesign* e informática. Sim, a assessoria de imprensa está na era digital e é feita em tempo real, portanto é preciso que o profissional dessa área tenha consciência de que, de uma forma ou de outra, seu trabalho terá que trafegar em diferentes plataformas. Embora o assessor de imprensa esteja no comando, fica claro que não se trata de uma profissão solitária. Em alguns casos, poderá ser o gestor de uma equipe, delegar e tomar decisões, traçar metas e estratégias.

As diferentes formas de trabalho que um profissional pode desenvolver como assessor de imprensa darão a noção exata dos desafios que terá pela frente. Os exemplos explorados neste livro, das posições que o assessor de imprensa pode construir ou ocupar, independentemente da empresa ou pessoa pública para a qual vai trabalhar, são um bom caminho para uma reflexão abrangente a respeito do que o mercado oferece.

Em todas essas posições, ou opções, quero resgatar um detalhe importantíssimo explorado por Bona e que margeia a ética no jornalismo e, consequentemente, na assessoria de imprensa: saber se posicionar como profissional e divulgar sempre a verdade. Lembre-se da declaração de Ivy Lee para editores de jornais. Ao ser procurado para falar sobre anúncios ou apoios financeiros, não é você o responsável por essa demanda. Posicione-se para que seu nome seja respeitado no meio e que o vejam como quem cuida do jornalismo. Sobre isso, reforço que os espaços conquistados na imprensa pela assessoria são, obrigatoriamente, sempre gratuitos. Não se paga por um espaço no jornal, esse espaço deve ser conquistado e, naturalmente, isso coloca o assessorado em outro patamar na relação com os colegas repórteres. Não como comprador, mas como fonte de informação. E isso faz toda a diferença e gera credibilidade.

Na produção de uma reportagem, por exemplo, com pauta provocada por uma assessoria de imprensa – aqui aproveito para lembrar o que reforça Bona: na maioria dos casos, o que vemos nos noticiários vem de boas histórias construídas com ajuda de jornalistas assessores de imprensa –, a participação do assessorado, nesse caso, tem impacto incomparável ao de um anúncio pago. Na reportagem, o leitor localiza e reconhece as fontes confiáveis que detêm conhecimento e domínio sobre o campo em que atuam ou sobre o que falam, e, se essa fonte for o assessorado, bingo!

É assim, com trabalho sério, falando a verdade que o jornalista vai construindo a imagem do assessorado perante a imprensa e a sociedade às quais o jornalismo deve servir. E, se fizer isso com dignidade e respeito pela profissão, pelos colegas que estão do outro lado do "balcão" (nas redações) e pelo seu público-alvo, esse profissional construirá uma ponte sólida para que todos trafeguem em segurança e atinjam os objetivos esperados.

Outro ponto que esta obra esclarece é o fato de que trabalhar em assessoria de imprensa deixou de ser, já há algum tempo, sinônimo de "profissional vendido". Nos anos 1980, após a redemocratização do Brasil, jornalistas saíram de importantes veículos para fundar a primeira empresa brasileira de assessoria de imprensa com o objetivo de sanar uma demanda do próprio mercado, que carecia de bons profissionais na área e, consequentemente, tentar apagar a imagem de patinho feio da profissão aos que optassem por esse caminho. Historicamente, no Brasil, a assessoria de imprensa sempre foi mal vista por distúrbios causados desde o governo Vargas, que colocava jornalistas das redações debaixo das suas asas em cargos públicos, para ter o controle do que saía na imprensa. Essa prática perpetuou-se por anos, mas deixou de funcionar quando a assessoria de imprensa se profissionalizou, mostrando que dali também se fazia bom jornalismo. O modelo americano de assessoria da VolksWagem trazido para o Brasil, na década de 1950, é um bom exemplo para entender o cerne da questão. A indústria de automóveis não queria ter o seu nome estampado nos jornais, mas sim que os editores produzissem pautas sobre automobilismo. Se o assessor é a ponte entre o assessorado e os veículos de comunicação, ora, será ele também o responsável por mostrar para a imprensa que há uma demanda de mercado e um público carente de informação sobre determinado produto ou ação.

O jornalismo também aprendeu muito com a assessoria de imprensa. Se hoje temos mais de 70% dos profissionais nessa área é porque houve demanda de mercado, consequência também de uma demanda de informação por parte da população, sim, mas foi por meio das habilidades e competências de jornalistas que a assessoria se estabeleceu e se profissionalizou. E não foi só isso, a universidade também teve que avançar nos seus currículos, remodelá-los para a realidade latente que se abriu ao jornalismo nos últimos anos. Assim como Bona, quando me formei, em 2004, a disciplina de Assessoria de Imprensa mal aparecia nas grades dos cursos, e meu primeiro emprego com carteira assinada foi justamente como assessor de imprensa, em um momento em que a prática já estava bem aquecida. A solução? Arregaçar as mangas e "enfrentar o leão". Felizmente, essa realidade mudou. Fiquei mais de 10 anos na área e aprendi o que era fazer jornalismo e o que é ser jornalista. O mundo do trabalho do jornalista, hoje, não se vê mais fora da assessoria de imprensa. Por isso, o trabalho do assessor não está, de forma alguma, dissociado da prática jornalística.

Além disso, a narrativa de Bona despertará em você, leitor, uma reflexão sobre o papel do jornalismo na sociedade por meio de contextos históricos determinantes para o país e para a própria profissão. Isso mostra que o trabalho de assessoria de imprensa está atrelado diretamente ao jornalismo desde os primórdios de sua criação e reforça minha ideologia e crença de que essa é uma atividade que deve ser exercida por jornalistas. Dessa forma, fica mais clara a diferença para relações públicas e os motivos pelos quais as duas profissões se esbarraram ao longo dos anos, mas que hoje vejo estarem bem definidas nas funções de cada profissional.

Por fim, é preciso dizer que a estética literária de Bona faz com que esta obra seja leve e dinâmica, mas não menos acadêmica. Ela servirá como um bom manual, mas prefiro dizer que trata-se de um bom livro que pode, e deve, ser seguido ao longo da carreira do profissional assessor.

Boa leitura!

Dr. Luis Otávio Dias

Apresentação

Abordaremos nesta obra um tipo de trabalho que só tem crescido em oportunidades e desafios: a assessoria de imprensa (AI). Se você ainda não ouviu, certamente ouvirá alguém dizer que o assessor de imprensa é um profissional secundário, que não é um jornalista de fato ou que esse profissional "se vendeu".

Durante a faculdade, muitas pessoas sonham em ser correspondentes de televisão, repórteres especiais, editores, mas poucos, ainda hoje, pensam na assessoria de imprensa como primeira opção. Eu, autora, peço licença para falar de minha experiência pessoal. Há mais de 20 anos, eu e dois outros colegas éramos essas pessoas "erradas", querendo trabalhar em comunicação organizacional. Depois de concluir a faculdade, fundei uma agência de comunicação. E posso dizer que esse tempo trabalhando com diversos clientes e diferentes desafios me forneceu uma experiência ímpar em comunicação estratégica, que não existiria em uma redação de veículo de comunicação de massa, porque nesse ambiente o anseio é o de noticiar. Na comunicação estratégica, por outro lado, há vieses a serem pensados que superam essa ação.

É fácil entender as paixões de cada profissional, as áreas que cada um gostaria de cobrir e os sonhos de futuro na atividade. Por isso, a intenção aqui não é rivalizar com os anseios, mas superar essa disputa entre duas áreas ou mesmo dentro do nicho do jornalismo. Para ter realmente proveito deste livro, você precisa ter a mente aberta.

Para ajudá-lo a pensar um pouco mais amplamente sobre o assunto, gostaríamos de ressaltar que as redações em geral estão sendo enxugadas. Na *web*, muitos internautas decidiram que podem fazer papel de "informantes", mesmo não tendo o mínimo conhecimento para poder reportar algo. Portanto, ser jornalista, hoje, exige esquecer o jornalismo de ontem. É preciso se reinventar, pois a área jornalística está sendo questionada. Esses são todos fenômenos que há tempos estão em andamento e que têm feito muitos refletirem sobre nossa missão. Sabe qual é o ponto mais interessante desse cenário? Boa parte das notícias que você lê nos grandes jornais, vê na TV ou escuta no rádio ou são produzidas por um assessor de imprensa ou são provocadas por ele. Então, podemos destacar o seguinte fato: ficar sem um assessor é morrer como marca, como personalidade, como produto nessa sociedade da informação.

Com toda essa demanda, para onde você acha que estão migrando os bons profissionais? Aqui trataremos de mercado, sim, de sobrevivência, mas também do desafio de criar estratégias usando essa fabulosa área que é a comunicação.

Esta obra foi criada para lhe mostrar os vieses mercadológicos da AI. Iremos mais longe: conversaremos sobre elaboração de diagnósticos, pensamento estratégico e utilização de todos os meios de comunicação à disposição, e explicaremos quais deles são mais eficazes na realização de determinado objetivo. Falaremos sobre ética e comportamento esperado em diversas situações e demostraremos que um profissional assessor de imprensa não tem rotina, uma vez que, num dia, ele escreve um roteiro para um vídeo, no outro, um *release* e, no outro, um *house-organ*. Em outras ocasiões, esse profissional produzirá conteúdo para mídias sociais ou para o portal de uma empresa, precisará encontrar soluções para problemas que todos acham insolúveis e estará sempre em contato com todos os tipos de pessoas, desde clientes a gestores e colegas. Para tanto, optamos por organizar esta obra da maneira que descrevemos a seguir.

No **Capítulo 1**, analisaremos a origem, a história e o desenvolvimento da AI, abordando os conceitos da atividade – de que essa área se trata? Afinal, como foi que esse nicho foi concebido? Quem começou a realizar esse trabalho? Como a AI se desenvolveu diferentemente no Brasil e em outros países?

No **Capítulo 2**, abordaremos os diversos tipos de assessoria que podem ser ofertados e as especificidades dos diferentes tipos de clientes, entre eles empresas, candidatos a eleições, personalidades e organizações em geral. Nosso intento é mostrar para você que há muito trabalho específico envolvido quando se trata de realizar AI.

No **Capítulo 3**, daremos dicas práticas a respeito do trabalho de AI propriamente dito. O capítulo está dividido nos seguintes temas: projeto de comunicação institucional, para você entender quais itens são importantes para esse documento; diagnóstico, para demostrarmos como realizá-lo, por onde começar e em que prestar atenção; planejamento, para desmistificarmos o que é pensar no futuro; execução, que envolve o trabalho de fato; e avaliação, que é necessária para determinar se o caminho está sendo seguido ou se precisa de alteração.

Na segunda metade da obra, no **Capítulo 4**, abordaremos mais a fundo alguns dos componentes utilizados no dia a dia da AI. Explicaremos o que é um *press release* e como deve ser construído. Também trataremos da pauta para a assessoria da produção e do envio dos *releases*, que engloba do relacionamento com o cliente ao gerenciamento de crises, e de algumas questões éticas que envolvem a AI também serão vistas.

No **Capítulo 5**, falaremos do cotidiano das relações com a imprensa de maneira mais específica em cada meio de comunicação, oferecendo uma visão das formas de atuação e dos materiais necessários, além das diferenças no controle dos resultados. Apresentaremos sugestões gerais sobre a rotina dos veículos impressos, de rádio, de TV e de internet e a assessoria destinada a esses meios.

Por fim, no **Capítulo 6**, conversaremos sobre outras atividades que têm correlação com o trabalho do assessor, mas que, em geral, estão gravitando ao redor. Trataremos de produtos de comunicação, *house-organ*, rádio e TV, *website*, redes sociais e outros serviços que englobam o trabalho do assessor.

Não temos a pretensão, é claro, de que essa obra seja um fim em si. Ela dialoga com outras publicações e não satisfaz todo o conhecimento resultante dessa área. Por dois motivos: a AI, ou comunicação organizacional, é uma atividade altamente dinâmica, e o número de variáveis e de casos pode ser infinito se contarmos com possibilidades em relação à imprensa, ao contexto e aos públicos. Por isso, as estratégias precisam se adaptar a cada caso, buscando a exata competência para conseguir os resultados almejados pelos profissionais.

Por fim, é importante ressaltarmos que a AI será metaforicamente tratada, aqui, como uma grande "ponte"[1]. Por ela, pode passar todo tipo de assunto, de pessoa, de marca. E o mais interessante: todos chegam do outro lado. Pretendemos, igualmente, que esta obra seja uma ponte que leve você a desbravar esse outro lado do jornalismo. Queremos que você atravesse os preconceitos e os desafios do mercado que ainda permeiam a profissão, que você seja impelido a continuar a caminhar para o outro lado em segurança. Uma ponte, como a AI o é.

1 Nesta obra, como utilizaremos diversas vezes o termo *ponte* para fazer referência ao trabalho do assessor de imprensa, nos permitiremos fazer uso de aspas apenas nesta primeira ocorrência.

Como aproveitar ao máximo este livro

Este livro traz alguns recursos que visam enriquecer o seu aprendizado, facilitar a compreensão dos conteúdos e tornar a leitura mais dinâmica. São ferramentas projetadas de acordo com a natureza dos temas que vamos examinar. Veja a seguir como esses recursos se encontram distribuídos no decorrer desta obra.

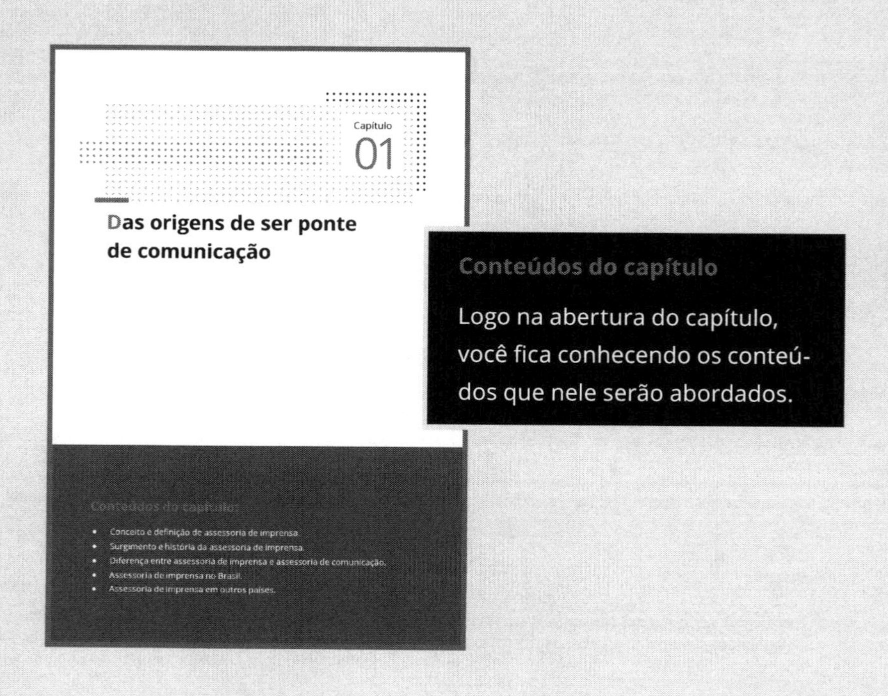

Após o estudo deste capítulo, você será capaz de:

1. discorrer sobre o que é a assessoria de imprensa;
2. identificar historicamente como surgiu e se desenvolveu a atividade d
profissional assessor;
3. reconhecer as diferenças entre assessoria de imprensa e assessoria d
comunicação, bem como as competências de cada uma;
4. avaliar como foi o desenvolvimento da assessoria de imprensa no Bras
e em outros países.

É da natureza humana o desejo de obter respostas para tudo a seu redor. O livro *Você é criativo, sim, senhor!*, de Henrique Szklo (2013), explica que nosso cérebro "entra em parafuso" quando não resolvemos as coisas, quando não encontramos respostas. Por isso a necessidade de, antes de abordarmos os assuntos em geral, apresentar primeiro os conceitos e as definições a respeito desse assunto.

Quem trabalha com comunicação precisa entender que há sempre mais de uma resposta para a mesma pergunta na área de humanas. O fator humano, no entanto, é complicado de esquematizar ou prever, pois surpreende sempre, cria imprevistos. No entanto, o mais interessante, dos profissionais do nicho de humanas têm a aptidão de lidar com tudo que é inesperado da vida. Entretanto, essas pessoas estão expostas ao seguinte problema: quando procuram definições e explicações (como se

Após o estudo deste capítulo, você será capaz de:

Você também é informado a respeito das competências que irá desenvolver e dos conhecimentos que irá adquirir com o estudo do capítulo.

porque corre o risco de apresentar uma ação diferente da outra, sem identidade, unidade e força comunicativa, o que é péssimo para a imagem institucional, podendo até mesmo trazer o resultado contrário ao desejado, ou seja, confusão para os públicos da organização.

Por outro lado, quando as ações realizados por meio de veículos de comunicação entram em consonância com as estratégias de *marketing*, de forma coerente com as propagandas veiculadas, e, ainda, caso os funcionários recebam essas informações antes do público externo, certamente há um fortalecimento da marca e da posição no mercado, além do esclarecimentode ideias e de um aumento da motivação (principalmente interna).

Estudo de caso

Imagine uma grande indústria de produtos de limpeza que quer revolucionar o mercado substituindo todas as suas próprias versões de limpadores de madeira, pedra e plástico por apenas um que higienize todas essas superfícies e, além disso, seja natural, não use matérias-primas raras, não afete o meio ambiente e seja mais barato que os similares presentes no mercado.

Por si só, o lançamento desse material já seria notícia, pois ele segue os critérios de noticiabilidade – ser atual, diferente e de interesse público. Porém, mais que isso, a decisão da empresa de se tornar limpa, mesmo substituindo vários produtos que

Estudo de caso

Esta seção traz ao seu conhecimento situações que vão aproximar os conteúdos estudados de sua prática profissional.

No máximo, pode existir um esforço imenso para o equilíbrio de versões, mas não é possível dizer-se *imparcial*.

Perguntas & respostas

É possível afirmar que o assessor de imprensa, na sua posição, é mais "honesto" e transparente que muitos jornalistas de redação?

Em geral, é possível dizer que sim, porque o assessor mostra a que veio. Sabe-se que ele filtrará as informações para defender seu assessorado. Esse profissional não esconde de ninguém que conta com um cliente e que irá se esforçar para exaltar seus pontos fortes por meio da comunicação. Os jornalistas de redação, por outro lado, não podem deixar claro a que tendências pertencem, pois apesar de possuírem as próprias crenças que influenciam seu trabalho, precisam se reportar ao dono do veículo de comunicação para o qual trabalham, que tem acordos e negócios com vários indivíduos e instituições.

A intenção, aqui, não é causar discórdia entre as funções, mas desfazer certas ilusões: o jornalista da redação tem a obrigação moral de buscar a imparcialidade, e certamente muitos desses profissionais fazem isso com primazia. Mas isso não significa que a imparcialidade possa ser alcançada plenamente. É uma dialética filosófica que se deve ter em mente: não há imparcialidade.

Perguntas & respostas

Nesta seção, a autora responde a dúvidas frequentes relacionadas aos conteúdos do capítulo.

Síntese

Você dispõe, ao final do capítulo, de uma síntese que traz os principais conceitos nele abordados.

Produtos de uma assessoria de imprensa

Síntese

Neste capítulo, abordamos produtos de comunicação que muitas vezes ficam sob a responsabilidade do assessor de imprensa na organização. Além disso, demonstramos que o jornalismo pode estar inserido em todas as atividades, agregando conteúdo e informação para os diversos públicos relacionados à organização. Explicitamos, ainda, como e quando fazer um *house-organ* ou elaborar programas de rádio ou TV internos e como produzir e gerenciar ***websites*** e conteúdos para redes sociais. Por fim, tratamos de missões específicas que o assessor de imprensa terá de assumir concomitantemente ao processo de relacionamento com os jornalistas.

Engana-se quem pensa que a missão do assessor resume-se ao relacionamento com a imprensa. Quando ele é o comunicador de uma organização, precisa levar em conta que há um público interno específico a ser trabalhado, mas há mais a fazer – e foi isso o que tentamos apresentar aqui.

O ponto central deste capítulo é fazer entender que o *house-organ* pode ser um veículo interessante de jornalismo e que mesmo as produções de rádio e TV para o público interno, para clientes e fornecedores e para a comunidade do entorno podem trazer notícias também de fora da organização.

Também discutimos aqui inúmeros outros produtos que podem ser gerenciados pela AI, incluindo visitas para jornalistas,

Questões para revisão

1. Pense em um planejamento de comunicação para um estabelecimento de comércio que você frequenta. Liste os passos do plano e escreva o "esqueleto" das suas ações em relação ao tempo. O que você faria primeiro? Qual seria o passo a passo?
2. Como você poderia demonstrar resultados da AI por meio de uma avaliação qualitativa para um cliente que está fazendo um evento regional de tatuagem? Que dados você buscaria e apresentaria para seu cliente? Qual o melhor formato para apresentar: texto, gráficos, depoimentos, analogias? Justifique suas respostas.
3. Na avaliação por centimetragem ou minutagem, a ideia principal é comparar os espaços ocupados pelas matérias publicadas a partir do esforço de assessoria, com o possível investimento que seria feito nos mesmos veículos de comunicação de massa e espaços, tempo e abrangência em publicidade. Em que situação essa avaliação é a mais indicada?
   a) Quando o cliente vende produtos, e não serviços.
   b) Quando o cliente precisa ser convencido com base em valores monetários.
   c) Quando a avaliação qualitativa é mais adequada.
   d) Quando o cliente está mais focado em visibilidade na internet.
   e) Quando o cliente prefere ele mesmo fazer os anúncios publicitários.

Questões para revisão

Com estas atividades, você tem a possibilidade de rever os principais conceitos analisados. Ao final do livro, a autora disponibiliza as respostas às questões, a fim de que você possa verificar como está sua aprendizagem.

entende como resultados (se ele prefere números ou se quer uma visão geral), de como as ações de assessoria são feitas (se majoritariamente via *on-line* ou se combinadas a outros veículos de comunicação, como impressos, rádio e TV), e de como ocorre o contato com os clientes (se é possível contatá-los por *e-mail* ou não).

Para saber mais

CARVALHO, C.; REIS, L. M. A. **Manual prático de assessoria de imprensa**. Rio de Janeiro: Elsevier, 2009.

CHINEM, R. **Assessoria de imprensa**: como fazer. São Paulo: Summus, 2003.

FERRARETTO, E. K.; FERRARETTO, L. A. **Assessoria de imprensa**: teoria e prática. 5. ed. rev. e atual. São Paulo: Summus, 2009.

MAFEI, M. **Assessoria de imprensa**: como se relacionar com a mídia. São Paulo: Contexto, 2012.

As obras indicadas contam com estilo de manuais, com dicas e casos para exemplificar ações.

Para saber mais

Você pode consultar as fontes indicadas nesta seção para aprofundar sua aprendizagem.

Capítulo

01

Assessoria de imprensa como ponte de comunicação: origens históricas

Conteúdos do capítulo:

- Conceito e definição de assessoria de imprensa.
- Surgimento e história da assessoria de imprensa.
- Diferença entre assessoria de imprensa e assessoria de comunicação.
- Assessoria de imprensa no Brasil.
- Assessoria de imprensa em outros países.

Após o estudo deste capítulo, você será capaz de:

1. discorrer sobre o que é a assessoria de imprensa;
2. identificar historicamente como surgiu e se desenvolveu a atividade do profissional assessor;
3. reconhecer as diferenças entre assessoria de imprensa e assessoria de comunicação, bem como as competências de cada uma;
4. avaliar como foi o desenvolvimento da assessoria de imprensa no Brasil e em outros países.

É da natureza humana o desejo de obter respostas para tudo a seu redor. O livro *Você é criativo, sim, senhor!*, de Henrique Szklo (2013), explica que nosso cérebro "entra em parafuso" quando não resolvemos as coisas, quando não encontramos respostas. Por isso a necessidade de, antes de abordarmos os assuntos em geral, apresentar primeiro os conceitos e as definições a respeito desse assunto.

Quem trabalha com comunicação precisa entender que há sempre mais de uma resposta para a mesma pergunta na área de humanas. O fator **humano**, no entanto, é complicado de esquematizar ou prever, pois surpreende sempre, cria imprevistos. No entanto, o mais interessante dos profissionais do nicho de humanas é a sua aptidão para lidar com tudo que é inesperado na vida. Entretanto, essas pessoas estão expostas ao seguinte problema: quando procuram definições e explicações (como se elas bastassem), atrofiam esse *feeling* que lhes permite lidar com tudo aquilo que não se define de primeira mão. E o profissional da **assessoria de imprensa (AI)**, por mais que tenha planejamento e técnicas reconhecidas para obter resultados, não pode se deixar atrofiar, pois também precisa lidar com imprevistos, que vão desde clientes temperamentais até variáveis externas, como mudanças de leis e da economia.

Por essa razão, discutiremos, neste capítulo, sobre o que é AI e sobre as atividades que envolvem essa profissão.

1.1 Conceito de assessoria de imprensa

Para iniciarmos nossa discussão, tente se lembrar de todas as vezes que você ouviu a expressão *assessoria de imprensa* e anote o resultado do seu esforço. Entenda como um exercício de musculação para o seu cérebro. Não rejeite nenhuma recordação, mesmo que não seja muito acurada ou precisa: foi em uma entrevista? Foi alguém que declarou que determinada assessoria respondeu por uma figura política? Foi o relato de um amigo assessor que contou um pouco do dia dele? Foi em um livro que você leu? Algum pessoa próxima a você faz esse trabalho? Coloque todos esses dados no papel. Aliás, essa é uma atividade para você realizar sempre, pois ela o auxiliará a pensar na definição em vez de simplesmente aceitá-la. Vasculhe dentro do seu cérebro, por mais desconfortável que isso seja; tudo o que você ouviu ou sabe sobre o assunto precisa vir à tona para que você faça novas conexões ou refaça as conexões entre o que você sabia ou acreditava e acrescente ou mude determinada informação ou visão sobre algo. Essa é uma postura de combate a verdades prontas – quando você se vê diante delas, não há mais o que acrescentar, pois elas ocupam um espaço tão imenso que nada mais pode ser acrescentado. Isso lembra de uma fábula de um mestre e seu discípulo, apresentada a seguir.[1]

> O discípulo chegou para o mestre e perguntou:
>
> — Mestre, como posso ficar mais sábio?
>
> O mestre perguntou se ele queria mais chá. O discípulo apresentou a xícara dele e o mestre começou a enchê-la. Ela foi enchendo, enchendo, enchendo, até que transbordou, e o discípulo, assustado, avisou:
>
> — Mestre, está transbordando!
>
> — Sim. Para colocar mais chá dentro da xícara, é preciso esvaziá-la. É assim com o cérebro. Você precisa esvaziar a sua mente para poder aprender[1].

É claro que você não precisa esquecer do que já sabe para aprender assuntos novos. É preciso apenas que você se abra

1 Autoria do original desconhecida.

para o novo, saiba avaliar e conectar as informações novas com as de que já dispõe e não perca tempo com informações que não irá usar.

Voltando ao pedido que fizemos no primeiro parágrafo desta seção: caso você tenha realizado a atividade, é bem provável que você tenha respondido que o assessor de imprensa se relaciona aos veículos de comunicação ou que esse profissional não trabalha necessariamente em uma redação (apesar de poder fazê-lo no Brasil, o que causa sérias discussões éticas), que seu ambiente é o das organizações, instituições, empresas e pessoas que não têm como foco a produção de notícias. É possível que, nas suas anotações, você tenha escrito que esse profissional produz notícias e materiais informativos (tanto escritos quanto fundamentados em imagens e áudios) e realiza entrevistas com colaboradores da empresa para a qual trabalha, ou com fornecedores e clientes, publicando o resultado desse trabalho no jornal da empresa. Você pode ter escrito que, muitas vezes, esse profissional é o responsável por "falar" por seu assessorado, fazendo o papel de porta-voz, ou que dá conselhos para os executivos ou personalidades sobre como tratar a imprensa e os jornalistas. Outra possibilidade é que você tenha afirmado que esse profissional elabora estratégias para contenção e administração de crises de imagem e comunicados oficiais ou instrui quem os faz.

Com base nessas considerações, podemos afirmar que assessor de imprensa é aquele que **traduz a linguagem de acordo**

com a necessidade de diferentes públicos, para que estes se comuniquem melhor. Em outras palavras, esse profissional tem como missão harmonizar os públicos relacionados a uma organização (começando pelos jornalistas das redações), utilizando, para isso, técnicas de comunicação.

Até este ponto do texto, você certamente já ampliou o seu conceito de AI. Para aumentar ainda mais o seu repertório, apresentamos uma das definições que os principais estudiosos da área estabelecem para essa atividade:

> A atividade de assessoria de imprensa pode ser conceituada como a gestão do relacionamento e dos fluxos de informação entre fontes de informação e imprensa. Busca, essencialmente, atender às demandas por informação relacionadas a uma organização ou fonte em particular. O exercício desta atividade no Brasil é especializado e realizado, na maior parte das vezes, por profissionais com experiência ou curso superior em jornalismo. (Duarte, 2009, p. 51)

Mesmo apresentando uma das concepções atuais, podemos afirmar que a definição citada não considera o vasto leque de atividades que o assessor de imprensa tem cumprido atualmente em várias organizações e nas próprias empresas de comunicação.

Citamos a seguir o *Manual de assessoria de comunicação* da Federação Nacional dos Jornalistas (Fenaj, 2007b), que reforça esse conceito de ligação entre as empresas, organizações e veículos de comunicação e suas redações:

> Serviço prestado a instituições públicas e privadas, que se concentra no envio frequente de informações jornalísticas, dessas organizações para os veículos de comunicação em geral. Esses veículos são os jornais diários; revistas semanais, revistas mensais, revistas especializadas, emissoras de rádio, agências de notícias, sites, portais de notícias e emissoras de tevê. (Fenaj, 2007b, p. 7)

Em termos gerais, a missão do assessor de imprensa é fazer com que as notícias sobre seu cliente – de preferência positivas – sejam publicadas em veículos de comunicação de massa ou especializados que cubram a área ou o segmento do cliente. Para isso, em suma, o trabalho do assessor de imprensa é procurar na empresa do cliente – ou na vida dele, se for uma personalidade – fatos e acontecimentos que sejam passíveis de se tornarem notícia. É nesse momento que a formação em Jornalismo faz a diferença, pois é preciso que o profissional dessa área tenha clareza sobre o critério de notícia ou valor-notícia para cada um dos veículos de comunicação que se deseja atingir.

A princípio, parece uma tarefa fácil, mas os desafios se mostram já no início da atividade de assessoria, quando o profissional precisa explicar para o cliente qual é o seu trabalho: o assessor lida com algo praticamente intangível – a imagem do cliente – e intenta receber, em troca de seus préstimos, remuneração bem tangível. Muitas vezes, nesse trabalho que tem muitas variáveis, o assessor tem de apresentar índices e gráficos para comprovar para o cliente que habilidades em assessoria de imprensa valem a pena, pois, a rigor, o assessor não deve pagar a ninguém em um jornal para que seus textos sejam publicados. Nessa dinâmica que acabamos de descrever, a primeira pergunta do cliente, frequentemente, é:

> — Bem, você está me dizendo que irá enviar meu material para os veículos, mas não pode me dar certeza de que esse material será publicado ou de que será divulgado tal e qual foi escrito. E você quer que eu lhe pague por isso?

Muitos assessores já foram questionados dessa forma. Ainda hoje é possível encontrar clientes que não têm ideia do que é AI. É comum, ainda, que o cliente diga que não precisa do assessor, que ele próprio pode fazer um anúncio. No entanto, o mundo dos anúncios não funciona mais dessa forma: um empresário ou uma personalidade pode comprar um espaço em um jornal, uma emissora de televisão, uma rádio ou um portal, propor o que desejar, como conteúdo, pagar e publicar. Pode até ser assim para quem "só quer aparecer na TV" (ou no rádio, ou no jornal); no entanto, o mercado em si já amadureceu e, hoje, se dá mais importância a organizações ou pessoas que tenham sua imagem pública adequadamente gerenciada.

Perguntas & respostas

Qual é a vantagem da AI sobre o anúncio publicitário?

Cada um desses recursos serve a diferentes objetivos. A publicidade é imperativa, agressiva e direta, pois tem como objetivo final a venda. A AI, por sua vez, apresenta a informação antes de apresentar o nome do cliente; mais que isso, quando um jornalista publica alguma informação sobre o cliente, o profissional e seu veículo estão afirmando que aquilo é notícia, que é de interesse para o público dele, que vale a pena ser publicado e que é útil. Quem lê, então, entende aquilo como uma informação que passou pela análise e ponderação de um profissional da comunicação, que tem a obrigação de checar as diversas fontes e que, portanto, é mais crível que o anúncio.

Vamos esclarecer melhor: sabe-se que, na publicidade, a intenção é vender e que, quando se trata de notícias, a intenção é informar. O público, em geral, costuma aceitar com mais tranquilidade as informações apresentadas como notícias e dar mais credibilidade a elas.

> Em tese, uma matéria veiculada no rádio, na tv, na *internet* ou em mídia escrita é – ou deveria ser – nada mais que o reconhecimento público que a sociedade, por intermédio da imprensa, concede ao assunto abordado e, por consequência, ao trabalho das pessoas que estão por trás daquelas realizações.
>
> Mas a notícia veiculada pode ou não fornecer a percepção correta da realidade abordada. E isso vai depender de como o assunto chega ao jornalista, de como as informações são apuradas e editadas, do acesso a fontes e dados corretos, da experiência, autonomia e ética do profissional da imprensa, bem como da isenção do veículo ao qual ele pertence. (Mafei, 2012, p. 18)

No decorrer desta obra, você irá se deparar com inúmeras explicações sobre o que é a AI e com os diversos meandros de cada definição, e terá a oportunidade de observar, ainda, que um conceito não consegue abarcar uma atividade tão repleta de variáveis – quase todas intangíveis a olhos comuns – quanto a do assessor de imprensa. É por esse motivo que as conceituações parecem rasas, uma vez que resumem demasiadamente algo que é rico em desafios e caminhos. No entanto, sejamos didáticos. Para facilitar nosso trabalho, condensaremos todas essas possibilidades em um só conceito – ou em uma só analogia: usaremos a imagem de uma ponte. O assessor é, em certa medida, uma ponte que liga o assessorado aos veículos de comunicação (um dos públicos que devem ser trabalhados) e à sociedade, consumidora desses veículos de comunicação. E essa ponte deverá prestar atenção em cada um desses segmentos para que seus públicos naveguem bem e se encontrem em segurança.

1.2 Assessoria de imprensa e assessoria de comunicação

Há uma discussão sempre presente a respeito da diferença entre os conceitos de **assessoria de imprensa** e **assessoria de comunicação**. O próprio manual da Fenaj contempla essa ampliação dos fazeres dentro do que seria uma célula de comunicação nas empresas:

> A ampliação das atividades das Assessorias de Imprensa nos últimos anos levou o profissional jornalista a atuar em áreas estratégicas das empresas, tornando-se um gestor de comunicação. E isso privilegiou a integração de outros profissionais – relações públicas, propaganda e publicidade – numa equipe multifuncional e eficiente.
>
> Ao jornalista têm-se aberto oportunidades de atuar como estrategista na elaboração de planos de comunicação mais abrangentes. Esses planos devem privilegiar uma comunicação

> eficiente não apenas junto à imprensa, mas posicionando as organizações de forma a estabelecer uma interlocução com ética e responsabilidade social, comprometida com os valores da sociedade junto aos seus mais diversos públicos. (Fenaj, 2007b, p. 7)

De forma simplificada, podemos afirmar que a AI cuida especificamente da relação da empresa com a imprensa, com os veículos em si. A assessoria de comunicação, por sua vez, contempla, de uma forma mais geral, a estratégia utilizada pela organização para se comunicar com os diversos públicos. Nessa estratégia, por exemplo, estariam inseridos os eventos comemorativos, a lógica dos anúncios dos produtos e serviços desse empreendimento e a comunicação interna por meio de murais, reuniões, treinamentos etc.

Num mundo perfeito, haveria jornalistas cuidando exclusivamente de outros jornalistas – os das redações – que estivessem buscando informações, notícias e entrevistas; os profissionais de relações públicas, que lidariam com a comunicação interna, campanhas de relacionamento e eventos em geral; e os publicitários, que criariam propagandas e campanhas publicitárias com foco em vendas e em criação e satisfação de necessidades.

No entanto, se a empresa não for uma gigante multinacional (como a Volvo, que tem, aliás, uma excelente *house*[2]), ela poderá contar somente com um comunicador para cuidar de todas as áreas citadas no parágrafo anterior. Logo, em organizações menores, todas essas missões ficam a cargo de um único profissional. Por um lado, garante-se, com esse especialista único, certa lógica entre as campanhas e iniciativas de comunicação, já que é importantíssimo manter uma mesma identidade em todas as frentes de atuação. Então, nesse caso, qual é o melhor profissional para atuar nessa posição única? Em teoria, o jornalista deveria dar conta dessa função; porém, entre teoria e prática, há uma lacuna. Portanto, o cargo de assessor de imprensa é condicionado mais pelo profissional em si que pelo curso que ele faz. O mercado entende que o profissional que domina a comunicação de maneira mais ampla é o mais indicado para a comunicação corporativa, seja ele de qual habilitação for. O espaço é daquele interessado em todas as técnicas e estratégias de comunicação, pois, mais cedo ou mais tarde, isso fará com que se destaque em uma disputa por uma vaga de trabalho ou possibilitará que monte a própria agência de comunicação com mais conhecimento e propriedade.

2 Departamento de comunicação de empresa que engloba todas as áreas organizacionais. Não há agência fora da empresa para atendê-la. Quando um empreendimento tem uma *house*, entende-se que possui uma agência de comunicação dentro de sua estrutura hierárquica.

Duarte (2009) conta como as assessorias de comunicação (Ascom) se formaram e o quanto é importante que haja entrosamento dos profissionais que trabalham nelas:

> A estruturação de algumas das atividades em assessorias de comunicação iniciada na década de 1980 foi uma evolução, ainda que limitada, pois em geral o coordenador do sistema assumia sozinho a responsabilidade pela integração dos esforços. Cada área ou profissional "no seu quadrado". A visão geral dos processos e seus objetivos era responsabilidade de apenas uma pessoa, com cada área assumindo uma especialização. A integração [...] foi o caminho natural. Ela implica a articulação permanente de diversas áreas, ferramentas e processos de comunicação em torno de objetivos comuns, dando coerência interna aos esforços, estabelecendo sinergia e ligação mais fácil entre os objetivos da organização e as soluções de comunicação. Ela pressupõe visão compartilhada e atuação cooperativa, com a conexão feita a partir do planejamento e de diretrizes e políticas. (Duarte, 2009, p. 236)

Em resumo, em uma Ascom, os profissionais devem trabalhar de forma integrada, sob pena de comprometer a qualidade do trabalho. Primeiramente, quem perde é a própria empresa, porque corre o risco de apresentar uma ação diferente da outra, sem identidade, unidade e força comunicativa, o que é péssimo para a imagem institucional, podendo até mesmo trazer o resultado contrário ao desejado, ou seja, confusão para os públicos da organização.

Por outro lado, quando as ações realizadas por meio de veículos de comunicação entram em consonância com as estratégias de *marketing*, de forma coerente com as propagandas veiculadas, e, ainda, caso os funcionários recebam essas informações antes do público externo, certamente há um fortalecimento da marca e da posição no mercado, além do esclarecimento de ideias e de um aumento da motivação (principalmente interna).

Estudo de caso

Imagine uma grande indústria de produtos de limpeza que deseja revolucionar o mercado substituindo todas as suas próprias versões de limpadores de madeira, pedra e plástico por apenas um que higienize todas essas superfícies e, além disso, seja natural, não use matérias-primas raras, não afete o meio ambiente e seja mais barato que os similares presentes no mercado.

Por si só, o lançamento desse material já seria notícia, pois ele segue os critérios de noticiabilidade – ser atual, diferente e de interesse público. Porém, mais que isso, a decisão da empresa de se tornar limpa, mesmo substituindo vários produtos que poderiam dar mais lucro por somente um, é uma notícia ainda mais importante, porque se trata de um enorme diferencial.

O assessor de imprensa precisa explorar essa mudança de comportamento e reforçar o conceito de que a empresa é "limpa" e, portanto, responsável ambiental e socialmente. No entanto, antes que esse assessor envie os *releases* para os respectivos veículos ou convide os jornalistas para o lançamento, o profissional de relações públicas precisa realizar um evento interno que apresente para os funcionários dessa indústria, em primeira mão, esse lançamento. Sabe por quê? Porque já é comprovado (Corrado, 1994) que empresas que utilizam a comunicação com os funcionários de maneira inteligente têm muito mais retorno em motivação, produção e dedicação.

Ao notificar, em primeira mão, o responsável por determinado produto sobre determinadas mudanças, a organização manda o seguinte recado: "Você é muito importante para a organização, e por isso, precisa saber antes de todos o que acontecerá de diferente com o produto com o qual você trabalha. Você é o nosso público prioritário".

Quando um colaborador recebe informações verdadeiras e precisas com certa antecipação, sua autoestima é alimentada. Ele passa a se sentir especial e sente que verdadeiramente faz parte daquilo tudo porque respeitam sua posição.

O ideal é que a empresa aproveite esse momento para mostrar toda a estratégia de *marketing* e de publicidade. Os responsáveis pela área publicitária podem mostrar os materiais criados para a venda do produto, desde filmes para a TV, *displays* para os mercados, fôlderes, *spots* de rádio, anúncios em revistas e *hotsites*. Além disso, os responsáveis pelo *marketing* podem falar sobre a distribuição de amostras, entregando-as para os funcionários, e apresentar o plano de vendas e a previsão de divulgação e retorno para os 6 meses seguintes. Os profissionais dessa área também podem comentar a respeito da divulgação do produto via Facebook© e explicar como serão feitos os concursos conceituais nas mídias sociais para atrair o público e gerar tráfego. E toda essa dinâmica deve ser orquestrada pelo pessoal de relações públicas, que irá conciliar essas ações com as comunicações internas.

Enfim, uma Ascom competente funciona como uma orquestra. Não é possível imaginar esse processo acontecendo sem uma ótima reunião entre todos esses profissionais e uma discussão criteriosa sobre estratégia, ou seja, sobre como deve ser a abordagem de todos os materiais e ações.

A assessoria de comunicação, como demonstramos, engloba uma equipe de profissionais que entendem especificamente de suas áreas, mas que dialogam entre si e trabalham em conjunto. Empresas que possuem equipes bem afinadas são brilhantes do ponto de vista da comunicação. Um bom exemplo é o da Coca-Cola©, que continua na liderança de seu segmento com campanhas sempre muito bem amarradas, atingindo públicos que vão desde donos de pontos de vendas, passando por distribuidores, até os consumidores finais. Você pode estar se perguntando em quais casos a AI da Coca-Cola© atua. No geral, na contenção de crises – que são raras – e no envio de material para veículos especializados tanto no *marketing* quanto na publicidade. Se pesquisar materiais da área de assessoria, você terá contato com textos sobre estratégias da empresa, compra de outras marcas e lançamentos de produtos. Um período do ano em que o assessor dessa empresa empreende maiores esforços é no Natal: como a própria Coca-Cola© assumiu que "pintou o bom velhinho" de vermelho (O Papai Noel..., 2017), nada mais coerente que promover uma supercampanha de Natal, com os desfiles dos caminhões por inúmeras cidades espalhadas pelo mundo. O assessor de imprensa precisa divulgar todos esses eventos e a presença de uma celebridade em algum deles – caso haja –, entre outras iniciativas que podem ser notícia.

Voltemos, agora, ao que é mais comum acontecer: a assessoria de comunicação sendo realizada apenas por um profissonal (de *marketing*, publicidade ou comunicação). Ele precisará dominar a arte do contato com as redações, saber como o pessoal desse setor se comporta e elaborar bons textos com formato jornalístico. Então, se, porventura, você for um profissional que irá assumir uma assessoria de comunicação, invista tempo para entender não só de comunicação estratégica, mas também da dinâmica de outras áreas; além disso, use sua intuição e empatia. Quando você tem espírito de comunicador, sabe que precisa atender cada público utilizando uma estratégia diferente e que enviar um *release* não é suficiente. Por isso, respeite os colegas de todas as áreas e procure aprender sobre todas elas, porque certamente você irá precisar delas. Aprenda, acima de tudo, a ouvir, porque isso faz bastante diferença no momento de planejar as estratégias para cada grupo, cada público e cada objetivo.

1.3
Surgimento e história da assessoria de imprensa

Agora que já apresentamos o conceito base de AI e suas relações com a assessoria de comunicação, iremos adentrar na análise histórica desses fatores. Foi Ivy Lee quem, logo no início do século XX, propôs uma organização mais reconhecidamente adequada para a área de relações públicas, que é o berço da AI. No entanto, muito antes disso, ainda na Idade Média, época de reis e rainhas, havia o arauto, servo que usava uma corneta para anunciar a chegada de alguém importante (as celebridades da época ou os nobres). Quando havia torneios de cavaleiros ou disputas com espadas, antes de os competidores entrarem na arena, os arautos discorriam as benesses e conquistas de cada lutador para que eles ganhassem a simpatia do povo. Há uma cena do filme *Coração de Cavaleiro* (2001) que ilustra esse procedimento muito bem. Está livremente transcrita a seguir:

> Meus senhores, minhas senhoras, todos aqui que não estão sentados em almofadas [referindo-se ao povo sem títulos], hoje vocês vão estar iguais, porque vocês todos são igualmente abençoados. E eu tenho o orgulho, o privilégio, não, o prazer de apresentar a vocês um cavaleiro gerado por cavaleiros. Um cavaleiro que pode traçar toda a linhagem dele muito além de Charlemagne. A primeira vez que eu o vi, foi no alto de uma montanha perto de Jerusalém, orando para Deus, pedindo o seu perdão pelo sangue sarraceno derramado por sua espada. Depois, ele me surpreendeu ainda mais na Itália, quando salvou uma donzela, órfã de pai, de seu terrível tio turco [...]. Eu lhes apresento [...] Sir Ulrich von Lichtenstein.

Essas poderiam ser as reminiscências da atividade de assessoria. A função do arauto era mostrar as qualidades do cavaleiro (imagem positiva) para todos os tipos de público. No exemplo do filme, o personagem se referiu aos pobres e ricos, isto é, deu atenção a dois tipos de público, contou das proezas vistas como positivas na época para que as pessoas se afeiçoassem ao competidor. Você achou o discurso semelhante àqueles que são feitos nas campanhas políticas? Provavelmente, sim. O que se pode perceber é que a comunicação sempre servirá para unir públicos em torno de uma ideia.

Chaparro (2002) cita ainda outros feitos anteriores à Idade Média que poderiam ser apontados como o embrião das relações públicas: entre eles, a obra *A Guerra das Gálias*, de Júlio Cesar, que é constituída de relatos enaltecedores escritos por ele mesmo nos dez anos de conquista da Gália.

No que se refere ao mundo contemporâneo, é Ivy Lee quem é chamado de "pai das relações públicas e da assessoria de imprensa".

De acordo com Chaparro (2002), por volta de 1906, John Rockefeller, filho de um pai farrista e de uma mãe protestante super-religiosa, tornou-se um "monstro do capitalismo". O empresário abriu muitos poços de petróleo em uma época em que a substância era a matéria-prima de praticamente toda a economia. No entanto, Rockefeller apresentava algumas particularidades na condução de seus negócios. Como ferrenho competidor, comprava cada uma das pequenas e médias empresas e refinarias que pudessem, um dia, competir com ele. A princípio, o empresário fazia uma oferta justa; porém, se o proprietário não quisesse vender, ele estabelecia pressão nos negócios até fazê-lo falir e, então, comprava seu possível concorrente por um preço muito baixo. Tinha como objetivo ser o único refinador de petróleo do mundo e acabou chegando a refinar 90% de todo o óleo mundial. Essa era uma das estratégias do grande barão capitalista. Outras envolviam o monopólio e outras negociatas, como a organização de cartéis para transporte dos seus produtos nas ferrovias. Ele ainda pressionava fornecedores a baixar o preço ou a fazer o preço que ele queria e, por essas razões, era muito odiado por pequenos comerciantes e por comunidades inteiras. O fator que reforçava essa imagem odiosa era o costume de nunca falar com a imprensa, causando a impressão de que fazia o que bem entendesse com empresas importantes para famílias e estados inteiros sem dar satisfação alguma a ninguém. Dessa forma, jornais de todo os Estados Unidos noticiavam somente as tragédias consequentes da ação de Rockefeller.

É importante contextualizar esse momento na história dos Estados Unidos. A Guerra Civil entre norte e sul havia terminado e o poder estava passando da mão dos agricultores do sul para os *self-made-men*, os pioneiros, em diversas atividades da indústria e serviços (Chaparro, 2002). O período entre 1875 e 1900 foi de grande desenvolvimento econômico, chamado até de *Era Dourada*; foi durante esses anos que o mundo foi apresentado à face mais selvagem do capitalismo. Empresários faziam todo o tipo de negociata e, em segredo ou não, pressionavam governos e não tinham nenhum tipo de escrúpulo. Um dono de uma ferrovia que decidiu cortar uma das linhas que não dava lucro foi questionado pelos jornalistas sobre como ficaria o povo que usava aquele trajeto. Sua resposta foi: "O povo que se dane". Nas palavras de Chaparro (2002, p. 35, grifo do original), "[William Henry] Vanderbilt teria proclamado *the public be damned*, em resposta aos jornalistas, quando lhe solicitaram explicações pelo fechamento de um ramal rodoviário que fazia falta a certa população".

A resposta foi publicada nos jornais da região e as pessoas ficaram muito revoltadas. Por essa e por outras razões, surgiu o movimento de resistência e denúncia por parte dos jornalistas da época, pois eram eles que apontavam as trapaças dos grandes barões nas publicações diárias.

Pois bem, voltemos a Rockefeller. Ainda hoje, se fizermos as atualizações monetárias cabíveis, esse senhor foi o mais rico de todos os tempos. Quando faleceu, possuía uma fortuna de 1,4 bilhões de dólares, o equivalente, hoje, a 663 bilhões de dólares. Então, imagine o quanto uma figura dessas era odiada; afinal, ele usava todo esse poder para crescer cada vez mais, sem se importar em responder ao mundo sobre suas ações.

Foi nesse cenário que Ivy Lee atuou. Ele teve a ideia de fornecer informações corretas sobre os negócios desses barões, esclarecendo para o público desde as intenções até as estratégias dessas empresas. Pela primeira vez alguém pensava em usar a imprensa para apontar o outro lado de uma história. Um dos objetivos era diminuir as denúncias que saíam nos jornais frequentemente e que tinham como fonte de informação somente vítimas, já que os empresários se recusavam a falar com a imprensa.

Ivy Lee deixou de ser jornalista das redações e se propôs a esse trabalho, fundando o primeiro escritório de relações públicas de que se têm notícia. De início, criou uma declaração de como trabalharia e a enviou para os editores dos jornais. Sua declaração ficou marcada na história apresentada a seguir:

> Esse não é um serviço de imprensa secreto. Todo nosso trabalho é feito às claras. Pretendemos fazer a divulgação de notícias. Isto não é agenciamento de anúncios. Se acharem que nosso assunto ficaria melhor na seção comercial, não o usem.
>
> Nosso assunto é exato. Maiores detalhes sobre qualquer questão serão dados prontamente. E qualquer diretor de jornal interessado, será auxiliado, com o maior prazer, na verificação direta de qualquer declaração de fato.
>
> Em resumo, nosso plano é divulgar, prontamente, para o bem das empresas e das instituições públicas, com absoluta franqueza, à imprensa e ao público dos Estados Unidos, informações relativas a assuntos de valor e interesse público. (Chaparro, 2011, p. 36)

O texto de Ivy Lee lhe rendeu um sucesso retumbante. Em uma época inundada por jogos baixos, segredos e negócios escusos, alguém se levantando e prometendo falar a verdade e ajudar a investigar realmente se tornou o foco das atenções.

Chaparro (2011) ainda aponta que Ivy Lee foi contratado por Rockefeller por ocasião de uma greve sangrenta em uma das suas refinarias (o episódio é chamado de *Ludlow Massacre*, em português, Massacre de Ludlow). A partir dessa contratação, o rabisco tênue que existe entre a verdade e a não verdade começou a ser traçado. O gerente local da refinaria de Rockfeller teria atirado nos grevistas e a situação ficou tão violenta que o milionário passou a sair somente acompanhado de seguranças. O primeiro passo de Lee foi despachar os seguranças pessoais do empresário, dando um claro sinal de que ele não devia nada. Na sequência, noticiou a ida de Rockefeller à refinaria, bem como seu comprometimento em fazer justiça e apurar os culpados.

Observe o seguinte: É verdade que ele era dono da companhia? Sim. Dessa forma, ele era também corresponsável pelo que aconteceu. É verdade que ele foi até à refinaria e se comprometeu a ajudar nas investigações? Sim. Então, temos duas verdades nessa situação. Se apenas uma fosse publicada, é claro que a opinião pública tenderia a determinado tipo de opinião sobre Rockefeller. Porém, quando foi divulgado o todo – afinal, nem todo mundo é inteiramente mau ou inteiramente bom –, a visão sobre o empresário tornou-se mais equilibrada. Esse foi o trabalho que Lee inaugurou e que faz escola até hoje.

No entanto, de acordo com Chaparro (2011), Lee também fez parte da Operação Boca-Fechada, na qual diversos jornalistas foram contratados ou montaram agências de relações públicas no país todo, com grandes remunerações. Dessa forma, os jornais tinham grande dificuldade de manter bons jornalistas, que apontariam os problemas da sociedade, denunciando-os. Percebe de onde vem a fama de "vendido"?

A crise de 1929 lançou o Presidente Roosevelt como o líder que poderia consertar a "América", o que ele fez de maneira dura por meio do plano de austeridade chamado *New Deal*. Nessa época, tudo era questionado e a magia das relações públicas, como foram criadas, ruiu. A sociedade precisava de mais informação, saber para onde iria, ao passo que o governo precisava manter a motivação e a produção em alta para que o país saísse da crise. Por isso, muitas empresas criaram departamentos de comunicação; como consequência, as principais universidades do país começaram a ofertar cursos de Relações Públicas. Nos anos 1940, a escola de Relações Públicas desse modelo americano espalhou-se, junto com as refinarias, para a Europa e o resto do mundo.

Já no Brasil, segundo Duarte (2009), a origem da assessoria se deu com o Presidente Nilo Peçanha, em 1909, que organizou "a estrutura do Ministério da Agricultura, Indústria e Comércio, criou a Seção de Publicações e Biblioteca para integrar os serviços de atendimento, publicação, informação e propaganda" (Duarte, 2009, p. 53). Essa "Seção de Publicações e Biblioteca" era responsável por divulgar notas e comunicados do governo.

> No setor privado, em janeiro de 1914, a empresa canadense The Light and Power Co. Ltda., concessionária da iluminação e do transporte coletivo na capital paulista, criou departamento com o nome de Relações Públicas (que alguns consideram o primeiro do mundo) e que tinha, entre outras funções, manter relacionamento com os órgãos de imprensa e os poderes públicos [...]. O engenheiro Eduardo Pinheiro Lobo durante 19 anos exerceu as funções de diretor do departamento e hoje é o patrono das relações públicas no Brasil. (Duarte, 2009, p. 53)

Duarte (2009) conta, ainda, que Santos Dumont foi provavelmente o primeiro a solicitar um serviço de *clipping* para saber o que estava sendo escrito sobre ele na Europa e ao redor do mundo. Já o Marechal Cândido Rondon usou consideravelmente a comunicação para implantar o telégrafo no interior do país e criar um escritório no Rio de Janeiro para promover a Comissão Rondon. Sua ideia era produzir "publicidade positiva para estabelecer uma imagem de aventura e importância da Comissão [...] para ganhar apoio e manter os substanciais recursos para sustentar o projeto" (Duarte, 2009, p. 54). Como a divulgação era sempre positiva, essa campanha ajudou a construir o mito do Marechal Rondon em toda a extensão do país.

Em seu início no Brasil, a comunicação institucional e a AI receberam uma grande atenção por parte do governo federal:

> o Governo estabelece uma superestrutura de manipulação da opinião pública por meio da censura, fiscalização, controle legal (como a importação de papel-jornal) e distribuição em larga escala de noticiário laudatório, contando com a complacência e até entusiasmo de boa parte da imprensa [...]. Luiz Beltrão, que chegou a atuar no Deip de Pernambuco, conta (1987, p. 8) que, na época da ditadura do Estado Novo, "os jornais publicariam tudo o que saísse de qualquer repartição do governo". O DIP foi extinto em 1945 e substituído pelo Departamento Nacional de Informações, por sua vez extinto em setembro do ano seguinte. A Agência Nacional manteve-se e ficou subordinada ao Ministério da Justiça e Negócios Interiores, recebendo sucessivas transformações até, por iniciativa do governo Lula, tornar-se empresa pública (EBC) sem subordinação ao governo. (Duarte, 2009, p. 55)

Como pudemos demonstrar a partir dessa pequena análise histórica, as atividades de relações públicas e AI não nasceram de mentes isentas de interesse. Desde muito cedo, os profissionais envolvidos perceberam o potencial enorme que esse tipo de trabalho teria para mover a opinião pública, por meio da imprensa, para cada lado dos fatos, dos acontecimentos ou dos escândalos. Os governos ditatoriais no Brasil também se deram conta de que controlar a informação era controlar a própria população.

Hoje, essa realidade não é diferente. Por isso, a AI acaba sendo apreciada por quem vê o valor e a importância da mobilização dos públicos.

1.4 Assessoria de imprensa no Brasil

Já abordamos, neste capítulo, uma parte da história da AI no Brasil. A partir deste ponto do texto, passaremos a nos concentrar nas especificidades do país, principalmente no que concerne ao trabalho de comunicação em instituições, empresas e organizações que não são veículos de comunicação.

A AI começou no Brasil a partir do uso político da imprensa (cujas repercussões podem ser verificadas até hoje). Antes de o Presidente Nilo Peçanha criar órgãos especializados na dinâmica da informação, o Presidente Campos Sales usou os serviços de um jornalista, Tobias Monteiro, para divulgar sua viagem à Europa. O profissional exerceu a função de um secretário pessoal e divulgou a viagem no *Jornal do Commercio*. Evidentemente, há problemas éticos nesse episódio, sobre os quais discutiremos mais à frente. No cenário nacional de meados do século XX, a AI era exercida por jornalistas, criando uma confusão de papéis desse profissional, atuando ora como assessor de imprensa, ora como jornalista dos veículos de massa – situação que até hoje causa discussão e estranhamento.

O governo populista de Getúlio Vargas também fez muito bom uso da comunicação organizacional para os seus objetivos, como demonstra Duarte (2009, p. 54-55)

> Durante os anos 1930, o governo federal torna política de Estado o controle e a disseminação de informações por meios de comunicação de massa e passa a organizar um sistema articulado, reunindo coordenação nacional e atuação local, e interfere diretamente com sua mão pesada em todos os meios de comunicação. Isso ocorre a partir de 1931, quando, sob o Governo Provisório, é estruturado o Departamento Oficial de Propaganda na Imprensa Nacional, administrado pelo jornalista Sales Filho. Durante a década ele é sucessivamente reorganizado como Departamento de Propaganda e Difusão Cultural (DPPC) e Departamento Nacional de Propaganda (DNP), que passa da ênfase na propaganda radiofônica para o uso da imprensa como vetor de informação governamental. O ápice ocorre entre 1939 e 1945, por meio do Departamento de Imprensa e Propaganda (DIP) e dos Departamentos Estaduais de Imprensa e Propaganda (Deips). [...] O controle ideológico via comunicação (particularmente rádio, jornal e cinema) consolida-se por uma política pública de origem fascista, implantada pelo jornalista Lourival Fontes, que atuara na chefia do DPPC e do DNP. Ele conhecia e admirava as máquinas de propaganda dos governos alemão e italiano.

Foi também no governo Vargas que surgiu o primeiro curso superior de Jornalismo – o que, de certa forma, colaboraria para profissionalizar as assessorias. Porém, as entidades que realmente trouxeram "modernidade" à maneira de se tratar a imprensa com informação organizada foram as grandes multinacionais, como a Esso e a Volkswagen. Essas grandes corporações desenharam o relacionamento com o jornalista da redação, criando por meio do fornecimento de informação, do auxílio em entrevistas, da organização de visitas e eventos ou, ainda, da criação de prêmios, como o Prêmio Esso de Reportagem, que hoje é o Prêmio Esso de Jornalismo (Duarte, 2009).

Com o passar dos anos, o papel do assessor tornou-se mais claro e profissional. Entretanto, esse movimento, de alguma forma, foi freado durante a ditadura militar, na qual jornalistas das redações e das assessorias precisavam passar seus materiais pela análise dos orgãos de censura do governo.

Por essa razão, ainda segundo Duarte (2009), muitos entendem que o momento de maior crescimento da área foi o período de redemocratização política do país, a partir de 1985. Era hora de reerguer um país da crise e, mais que isso, investir em transparência e em distribuição de informação de qualidade, tanto para a imprensa quanto para os públicos de interesse de cada companhia ou organização. O terceiro setor, que recebeu uma injeção de estímulo por meio de políticas neoliberais de terceirização das funções do Estado, também priorizou a comunicação como forma de mostrar resultados e de se relacionar com os diversos públicos da organização. A crise econômica que já abalava alguns veículos impulsionou ainda mais a transição de alguns jornalistas para as assessorias de imprensa. Nesse cenário, o campo de trabalho e o papel desempenhado pelos relações públicas tornou-se confuso. Para esses profissionais, a atividade também teve início no Brasil a partir da companhia canadense de energia – Light and Power CO Ltda. O primeiro curso superior de Relações Públicas foi criado em 1966, na Universidade de São Paulo (USP) (Duarte, 2009).

Já mencionamos que a celeuma sobre as áreas de trabalho tanto de jornalistas quanto de relações públicas começou no início da consolidação dessas atividades. A disputa do lugar de direito de assessoria nas empresas já gerou muitas discussões; entretanto, podemos afirmar que hoje há poucos resquícios que dividem esses profissionais.

Margarida Kunsch (2004) faz um desenho do cenário dessa disputa, mas principalmente de como assessores jornalistas eram tratados pelos próprios colegas:

> Pela teoria e pela essência de suas atividades, Jornalismo e Relações Públicas são áreas "geneticamente" diferentes [...] o que então, principalmente no Brasil, teria levado os jornalistas a ocupar mercados e espaços que, em tese, são específicos dos profissionais de relações públicas? Até que ponto o

> **jornalismo empresarial** se apropriou de teoria e paradigmas genuinamente jornalísticos? Quem não se lembra de que, no Brasil, nos anos 1970 e 1980, a assessoria de imprensa era rotulada de "prostituição do jornalismo"? Teria havido, então, um desvirtuamento da verdadeira função do jornalismo? Por que as escolas de Comunicação, na sua maioria, não assumiram que deveriam oportunizar uma preparação do jornalista para atuar no âmbito da comunicação organizacional? Por que não incluíram, e não incluem até hoje, em suas grades de ensino, também disciplinas de relações públicas, como se faz nos cursos dessa área, cujo currículo é muito mais abrangente visando à formação de um "gestor da comunicação", capaz de entender os conceitos das outras subareas e suas ferramentas. (Kunsch, 2004, p. 12, grifo nosso)

Pois bem, essa reflexão é de 2004 e o panorama das duas áreas mudou consideravelmente desde então. Ambas enfrentaram acirramentos em relação à definição dos papéis de atuação de cada uma, principalmente dentro das organizações. É lógico pensar que jornalistas deveriam ser os profissionais imparciais que trabalhariam nas redações, avaliando ambos os lados e relatos de fatos para poder produzir uma versão bem balanceada e justa das notícias. Não parece, aos olhos da lógica, ainda, que um profissional que trabalhe para uma marca ou uma empresa em específico consiga ser imparcial. Em outros países – falaremos sobre isso –, o jornalista deixa de ser jornalista – é como se perdesse a sua licença – se for operar como relações públicas. Não existe *press assessment*, em inglês. Existe *public relations*.

Portanto, é inegável que pensar em jornalistas formados, com preparação em filosofia, sociologia, semiótica, teoria da comunicação e do jornalismo, habilitados para atuar em diversas mídias, agindo como assessores de imprensa, em prol de uma pessoa ou companhia, não é algo muito fácil. Porque, no final das contas, os relações públicas realizam a mesma atividade quando se trata de assessoria de comunicação – e aprendem, no ensino superior, a fazer um *release*.

O problema é que, com o tempo, ambas as categorias e suas representações empreenderam esforços para acirrar as disputas pelo espaço no mercado de trabalho por meio de portarias regulamentares. A controvérsia é que leis e regras, por si só, sem jurisprudência e sem contato com a realidade, não se estabelecem. Por mais poder de direcionamento que os sindicatos e federações tenham, o mercado continuou contratando jornalistas para atuar em organizações, muitas vezes em detrimento de profissionais relações públicas formados. As razões para essa dinâmica podem ser diversas, mas podemos citar as duas principais:

1. O jornalista, naturalmente, é mais agressivo do ponto de vista de posicionamento e, por isso, foi mais fácil para esse profissional ocupar espaços dentro das organizações.

2. Boa parte dos jornalistas já trabalhou em redações de diversos veículos e não só carrega bons contatos como sabe das lógicas de um veículo de comunicação, como tratá-los, como se faz um fechamento de matéria, por que aquela entrevista tinha que ser realizada com urgência. Enfim, os jornalistas lidam com o relacionamento com a mídia de imediato e sem dificuldade.

> A ocupação do providencial mercado de trabalho, mais do que aceita, foi até estimulada pelas redações no momento em que se faziam críticas à competência dos relações públicas para exercer a função. Na realidade, não foi apenas corporativismo. Repórteres e editores preferem contato com pessoas que atendam com eficiência suas necessidades – sejam eles relações públicas ou jornalistas –, mas a manutenção de um relacionamento duradouro e eficiente a jornalistas exige conhecimento especializado, e só quem passou por redação sabe exatamente o que é fechar uma matéria ou como raciocina um editor. Como dominavam os mecanismos de funcionamento e interesses da imprensa, não foi difícil conquistar o lugar. (Duarte, 2009, p. 72)

Por outro lado, Kunsch (2004) tem razão quando afirma que os jornalistas não estavam sendo academicamente preparados para o restante dos desafios que surgiam nas organizações. Por muito tempo, esses profissionais não contavam com disciplinas voltadas para organização de eventos ou para comunicação interna organizacional. Próximo aos anos 2000, o assessor de imprensa não era mais chamado de "vendido", mas também não era elogiado. A profissão passou a ser vista como secundária, pois não se caracterizava pelo "frio na barriga" de entrevistar celebridades ou de fazer uma reportagem investigativa. Em suma, a assessoria era encarada como uma missão muito monótona para os perfis de estudantes de Jornalismo que buscavam, no curso, a aventura.

Com o tempo, os assessores amadureceram, mas foi dentro do âmbito organizacional, no trabalho diário, que aprenderam como suas atribuições realmente funcionam. Hoje, os cursos, inclusive a própria Lei de Diretrizes Curriculares (Brasil, 2009), propõem mudanças radicais. Há disciplinas em cursos que apoiam o estudante numa possível assessoria ou, ainda, na criação de sua própria agência de comunicação. Dependendo da instituição, o aluno conta com disciplinas específicas sobre AI, comunicação empresarial, gestão de negócios de comunicação e organização de eventos. Importa ressaltarmos que a lei favorece um movimento, feito pelos próprios cursos, de criar formas de satisfazer as necessidades de um mercado e de uma sociedade que muda constantemente. Muitos cursos de Jornalismo já atentaram para essa realidade.

Lidamos, contemporaneamente, com outros temas relacionados a essa divisão dos trabalhos de assessores e jornalistas. Como num acordo de cavalheiros, os relações públicas assumiram a assessoria de comunicação ou a gestão entre os públicos, e os jornalistas, o relacionamento com a imprensa. Como já afirmamos anteriormente, em empresas de grande porte, essa dinâmica funciona muito bem; no entanto, quando o orçamento permite contratar somente um comunicador, essa divisão não é possível e é contratado aquele que tem melhor preparação, é mais agressivo ou tem maior conhecimento em relação ao que é importante para aquela organização. No final da década de 1990, Duarte e Duarte (2006) estimam que entre 40% e 70% dos jornalistas brasileiros estariam trabalhando em AI.

Jacques Mick (2012) coordenou uma pesquisa realizada pela Federação Nacional dos Jornalistas (Fenaj), em parceria com a Universidade Federal de Santa Catarina (UFSC), na qual aponta que 40,8% dos jornalistas pesquisados (2.731 no total) estavam trabalhando exclusivamente fora da mídia, e 12,2% trabalhavam trabalhavam tanto dentro quanto fora dela. Dos exclusivamente de fora da mídia, 68,3% eram assessores de imprensa. Há razões mercadológicas para esse fenômeno: de um lado, redações reduzindo seus contingentes ao máximo e veículos de comunicação em número cada vez menor no país; por outro, milhares de empresas (Damiani, 2001), instituições e corporações abrindo os olhos para a sociedade da informação e para a importância de um profissional que cuide da sua imagem.

Há algum tempo, também era comum que esses profissionais acumulassem dois empregos, um na redação e outro na assessoria, situação que tem diminuído pelos mesmos motivos que já citamos: mais trabalho nas empresas, que demandavam uma carga horária maior, e mais demissões nas redações. Essa separação de "missões" também é bem-vinda para esclarecer problemas éticos resultantes de um trabalho na cobertura de determinados assuntos que tenham o assessorado como fonte, o que, no mínimo, criaria uma situação de conflito de interesses, já que, ao jornalista da redação, é solicitado ao menos o exercício de ouvir os dois lados e relatar suas impressões sobre determinado assunto, ou seja, espera-se que o profissional se esforce para ser imparcial.

Utilizando a imparcialidade como mote, dividiremos com você um argumento que muito cedo se tornou um mantra para aqueles que chamavam de "vendida" a AI: Não há imparcialidade no jornalismo. Isso mesmo. Não existe a pura imparcialidade no exercício do jornalismo porque há a intervenção de ideologias próprias, do volume de informação recolhida, da bagagem cultural do jornalista, entre outros fatores.

No máximo, pode existir um esforço imenso para o equilíbrio de versões, mas não é possível dizer-se *imparcial*.

Perguntas & respostas

É possível afirmar que o assessor de imprensa, na sua posição, é mais "honesto" e transparente que muitos jornalistas de redação?

Em geral, é possível dizer que sim, porque o assessor mostra a que veio. Sabe-se que ele filtrará as informações para defender seu assessorado. Esse profissional não esconde de ninguém que conta com um cliente e que irá se esforçar para exaltar seus pontos fortes por meio da comunicação. Os jornalistas de redação, por outro lado, não podem deixar claro a que tendências pertencem, pois, apesar de possuírem as próprias crenças que influenciam seu trabalho, precisam se reportar ao dono do veículo de comunicação para o qual trabalham, que tem acordos e negócios com vários indivíduos e instituições.

A intenção, aqui, não é causar discórdia entre as funções, mas desfazer certas ilusões: o jornalista da redação tem a obrigação moral de buscar a imparcialidade, e certamente muitos desses profissionais fazem isso com primazia. Mas isso não significa que a imparcialidade possa ser alcançada plenamente. É uma dialética filosófica que se deve ter em mente: não há imparcialidade. Ainda assim, sabe-se que profissionais que se prezem, em ambas as posições, se reinventarão sempre e farão o seu melhor, de maneira crítica e ética.

1.5
Assessoria de imprensa no cenário internacional

Apresentamos, a seguir, o breve relato que retrata certos aspectos da AI não apenas aqui no Brasil, mas também em outros países. [3]

Era um evento de lançamento de um departamento que proporia cursos nas áreas de humanidades e artes em uma das universidades do nordeste dos Estados Unidos. Estávamos lá para fazer contato e conhecer gente.

Quando conversávamos com um grupo, uma das pessoas perguntou:

— Ah, sim, mas antes de lecionar, você trabalhou em que meios?

— Eu tive uma agência de comunicação.

— Ah, o *dark side*[3]. Todo mundo já passou por ali de alguma forma.

• • • • •

3 Lado escuro.

— *Dark side*? Aqui também?

O grupo ao redor, majoritariamente de jornalistas formados, riu, até que uma das professoras explicou:

— Sim, claro. Se você fez jornalismo e foi trabalhar em assessoria de imprensa, é mal visto. Mas todo mundo já passou por lá de alguma forma. Afinal, é uma área que dá dinheiro.

É de se surpreender que ainda existia esse preconceito num país em que não são obrigatórios a formação em Jornalismo para se trabalhar "como jornalista" em qualquer meio – isto é, todos podem ser jornalistas – e o diploma de relações públicas para fazer assessoria de comunicação. Esse espaço era disputado tanto nos Estados Unidos, que ainda determinava boa parte da dança econômica do mundo, quanto na Europa.

Luiz Amaral (2002) explica que essa disputa entre jornalistas e relações públicas não nasceu por espaço de trabalho, por serem concorrentes a uma mesma posição de emprego; essa disputa é de caráter ideológico: assessores de imprensa dos **Estados Unidos** manipulavam a informação e não deixavam os jornalistas falarem com suas fontes – isso na visão dos jornalistas. Por outro lado, os relações públicas estavam em uma fase de pleno emprego e procura, em virtude da ação de muitos meios de comunicação e de suas redações, que embarcaram no denuncismo tanto para vender mais quanto para mostrar trabalho para uma opinião pública ávida por informação.

> A mudança de atitude em relação ao novo tipo de serviço, sua maior aceitação, deveu-se, em parte, à expansão da prática do jornalismo de denúncias de corrupção administrativa, jornalismo sensacionalista, como querem alguns, que floresce entre as últimas décadas dos 1800 e as primeiras dos 1900. Foi o presidente Theodore Roosevelt quem usou as expressões *muckraking journalism* e *muckrakers* para definir esse tipo de trabalho e aqueles que o praticavam. Ele os comparou ao homem do ancinho, do livro *Pilgrim's progress*, que preferia revolver imundície, olhando para baixo, a levantar a cabeça e olhar o céu [...]. O termo, depreciativo, passou a ser usado como título de honra pelas revistas no período conhecido como "a era do *muckrakers*". (mais de 70 anos depois, na década de 60, no século passado, os repórteres investigativos, *muckrakers* redivivos, passariam a ser endeusados pela própria mídia, como é o caso atual.) (Amaral, 2002, p. 55)

Para todo movimento de ataque, há uma reação. As empresas americanas e os órgãos públicos levaram a sério a contratação de relações públicas para cuidar de suas imagens institucional e pessoal, a fim de minimizar essa busca por escândalos que tanto os jornalistas quanto os meios de comunicação estavam realizando. É importante ressaltarmos que o público americano lia jornal com muita frequência e sempre teve muita vontade de receber as notícias, como demonstra Amaral (2002, p. 56-57):

> Lia-se avidamente. Nas cidades maiores, New York, Chicago, Boston, Philadelphia e New Orleans, havia, já na década de 30 do século XIX, os vendedores de jornais que, mais tarde, lá para o fim do século, seriam substituídos pelos *newsies* (pequenos jornaleiros, meninos e meninas) que gritavam pelas ruas as manchetes do dia e inventavam outras na medida de sua ousadia e imaginação. [...] Em Boston, na virada do século, havia um *newsie* por 70 habitantes. [...]
>
> Pelo interior do país, o cenário era muito colorido. A chegada da diligência era esperada com ansiedade. Os homens acorriam às tavernas, estalagens e hotéis onde havia leituras especiais para os que não sabiam ler. Era hora de comentários e discussões.

Outro traço interessante da área nos Estados Unidos é perceber que se levou realmente a sério essa consulta aos profissionais. Ainda hoje, os empresários, em geral, acreditam que há alguém com um conhecimento especializado para definir estratégias comunicacionais e não querem perder tempo com tentativas e erros. A questão é simples: a realidade mostra que, para que qualquer coisa que dependa da opinião pública seja feita, o americano pedirá a consultoria de um profissional de relações públicas, nem que seja para a vestimenta ou para o tipo de discurso a ser feito (Amaral, 2002).

Outro fator que torna o mercado da comunicação altamente atrativo é a não obrigatoriedade de diploma para exercer tanto o jornalismo quanto a AI. Com uma imprensa mais pulverizada, há campo de trabalho em diversos veículos, mas há ainda mais em assessorias. A única coisa que não se vê como comum é um jornalista que trabalhe em um veículo de comunicação e que faça assessoria ao mesmo tempo. Ou o profissional é jornalista e segue o código de ética desse trabalho, ou é relações públicas e se posiciona nessa área. Acumular as duas funções não só é mal visto e antiético, como também é bastante complicado em relação às cargas horárias a se desempenhar.

Na **Europa** (guardando as diferenças culturais e mercadológicas de cada país), a AI nasceu praticamente na mesma época que nos Estados Unidos, mas talvez lide, culturalmente, com menos agressividade mercadológica. Nessmann (1995) aponta que os europeus estariam mais preocupados com os "comos" e os "porquês", enquanto os americanos estariam mais focados nos resultados alcançados com as relações públicas.

Porém, como aponta Kalkeren (2010), não é possível afirmar que existam as relações públicas europeias, generalizadas, simplificadas. A autora explica o motivo:

> O continente europeu abarca 51 países, com um total de 837 milhões de habitantes. Desses, 27 países (500 milhões de cidadãos) são membros da União Europeia (EU), onde há

> livre movimento de pessoas, bens serviços e capital; 16 desses países possuem a mesma moeda, o euro. Então, isso reforça relações públicas homogêneas ou heterogêneas? [...]
>
> A partir da minha experiência vivendo ou tendo estado em muitos países europeus, eu posso dizer que não existe essa coisa de "uma" Europa. Dentro da União Europeia somente existe 23 linguagens oficiais, com um adicional de 60 línguas minoritárias não oficiais. Existem ainda diferenças no jeito como a política e a economia são levadas entre os países e distintas culturas, até dentro dos próprios países.[4] (Kalkeren, 2010, tradução nossa)

Na maioria dos países, de acordo com Nessmann (1995), o nome desse profissional é relações públicas, inclusive na **Alemanha**, onde se utiliza a sigla PR (do inglês *public relations*); essa posição recebe tanto formados em relações públicas como jornalistas e, até mesmo, profissionais que não contam com formação nesses cursos. Num mercado mais disputado, tanto pela proximidade de cada país quanto pelo tamanho de cada um, os profissonais de relações públicas têm papel fundamental na construção da imagem das empresas e instituições. É importante

4 O texto é de 2010. Em 2013, a Croácia passou a fazer parte da União Europeia (UE), reunindo 28 países. Em 2016, a Inglaterra votou por sua saída da UE, mas até o fechamento desta obra, a saída não havia sido consolidada.

destacarmos que esse setor é altamente internacionalizado, já que as grandes empresas, em geral, possuem filiais em países vizinhos. Dessa forma, o conhecimento do relações públicas deve ser amplo e abarcar as dinâmicas dos mercados vizinhos: são públicos diferentes, culturas distintas e desafios constantes para se trabalhar a imagem de qualquer produto ou serviço.

Há, ainda, a "corda bamba" dos mercados e dos negócios entre governos que, sempre que é mudada qualquer regra, interferem nas estruturas de muitas profissões. E há a imprensa: variada, com tendências diversas e que necessita de relacionamentos também diversos.

Moutinho e Sousa (2002) apontam o que a Associação de Relações Públicas de Portugal entende como trabalho do RP:

> O técnico de relações públicas exerce uma atividade deliberada, planificada e contínua de comunicação para estabelecer, manter e aperfeiçoar o conhecimento e compreensão entre a entidade ou grupos e os públicos com que estejam direta ou indiretamente relacionados. Estuda, planeja, executa e controla ações de divulgação de informação e de comunicação entre entidades ou grupos e seus públicos; estimula, promove e apoia ações recíprocas e de boa recepção, bom contato e bom despacho entre serviços e usuários; estabelece canais de comunicação entre a administração e a direção e os públicos interno e externo; investiga e analisa a opinião desses públicos

> através de estudos e inquéritos e sondagens, propondo medidas tendentes à manutenção ou à justa modificação da referida opinião; colabora com todos os departamentos cuja ação possa ter influência na opinião pública; organiza o acolhimento e a recepção de novos profissionais da empresa, fornecendo-lhes esclarecimentos, que lhes permitam ter uma atuação certa; colabora, a título consultivo, as respectivas administrações ou direções na definição de políticas e orientação adequadas. (Moutinho; Sousa, 2002, p. 71)

É possível entender que a posição do assessor de imprensa na Europa é também a de relações públicas, uma vez que a imprensa é um dos públicos ou grupos a ser trabalhado por esse profissional.

A abordagem teórica europeia, ainda de acordo com Moutinho e Sousa (2002), defende que o jornalista esteja nas redações e que não exerça esse papel concomitantemente ao trabalho em veículos de massa. A regulamentação da atividade de jornalista em **Portugal**, por exemplo, deixa claro que não é considerado *jornalismo* o exercício de pesquisa e tratamento de fatos se o intuito for a promoção de alguma empresa ou instituição.

Moutinho e Sousa (2002) explicam ainda que, se o jornalista decidir ocupar a posição de relações públicas em alguma empresa, ele precisa entregar sua licença de jornalista ao órgão local. Não há como ser chamado de *jornalista* enquanto desempenhar essa função, muito menos exercer alguma atividade voltada ao jornalismo. Entretanto, o profissional pode voltar a ser jornalista ao abdicar do trabalho de relações públicas e recuperar a carteira profissional.

Numa visão dos **países do Leste**, o austríaco Nessmann (1995) aponta a posição dos RP dentro das organizações na Europa: em determinado período, esses profissionais disputavam relação direta com as presidências das empresas no trabalho diário – lugar estratégico para quem cuida da imagem da instituição –, enquanto nos Estados Unidos já era estabelecido que os RP deveriam contar com departamento específico e que este deveria se reportar à presidência da empresa.

Na **América Latina**, o cenário mercadológico é similar ao do Brasil (várias oportunidades) e já há grandes assessorias brasileiras estendendo seus trabalhos aos países vizinhos. Não há regulamentação quanto a que tipo de profissional deve desempenhar o trabalho de AI na Argentina, por exemplo, tampouco exigência de diploma. Esse cenário se repete nos países vizinhos. Quem faz assessoria de imprensa são os jornalistas, os relações públicas ou, até mesmo, os advogados. Portanto, quem se posiciona com competência tem lugar na área.

Sabe-se que, em um mundo globalizado como o nosso, há trabalho de construção de imagem em qualquer lugar. Continentes como África e Ásia contam com empresas sedentas por expandir seus negócios e sua imagem. A Middle East Public Relations

Association (Mepra, 2017) apresenta materiais e pesquisas que apontam a força da comunicação nos **Emirados Árabes**, demonstrando como a população e as empresas têm expressado sua sede de crescimento. Portanto, oportunidade para quem quer fazer parte desse mercado não falta.

Para saber mais

DUARTE, J. A. M. (Org.). **Assessoria de imprensa e relacionamento com a mídia**: teoria e técnica. 4. ed. São Paulo: Atlas, 2011.

Nesse livro, que é considerado o manual número 1 da área de assessoria, Jorge Duarte aborda aspectos da profissão e seu relacionamento com a mídia, dando exemplos práticos da vivência cotidiana do assessor.

Síntese

Neste primeiro capítulo, abordamos o conceito que permeia a atividade de AI, elencando as diferenças entre essa profissão e a assessoria de comunicação. Realizamos uma abordagem histórica da atividade, demonstrando onde e como começou e em que cenário se desenvolveu, observando, ainda, como a assessoria e as relações públicas funcionam no Brasil e em âmbito internacional, como nos Estados Unidos e na Europa.

Nesse primeiro contato com o tema, procuramos demonstrar que a AI é uma atividade que apresenta múltiplas faces, sejam elas contextuais, culturais ou relacionais. Também explicamos que sua origem traz consigo as preocupações éticas que permeiam o exercício da assessoria até hoje: governos e grandes empresários descobriram muito cedo, tanto nos EUA quanto no Brasil, que assessores podem ajudá-los a manipular a opinião pública ou até mesmo a forma de se fazer jornalismo. E esse é só o começo da aventura de se pensar e fazer AI de qualidade.

Questões para revisão

1. Com base no que você pôde observar sobre as atividades que competem ao assessor de imprensa, liste quais delas, para você, são as mais importantes. Guarde essa lista para observar, no final do estudo deste livro, depois de construir novos conhecimentos a respeito da profissão, quais serão as suas novas percepções. Em seguida, com base na leitura deste capítulo, crie o seu conceito de AI.

2. Faça uma pesquisa e indique personagens públicos ou empresas que, na sua visão, precisam de assessoria de imagem ou merecem mais destaque na imprensa. Crie um plano de assessoria para a personalidade ou empresa que você escolher.

3. Existe uma corrente teórica no jornalismo que aponta para a especificidade do trabalho de AI dentro das organizações, ou seja, um jornalismo aplicado a instituições e companhias. Como se chama esse tipo de jornalismo?
   a) Jornalismo especializado.
   b) Jornalismo empresarial.
   c) Jornalismo de dados.
   d) Jornalismo científico.
   e) Jornalismo cultural.

4. A AI toma outros contornos quando se trata de países diferentes do Brasil, principalmente nos Estados Unidos e em algumas nações da Europa. Como demonstramos no decorrer deste capítulo, os jornalistas dessas regiões não podem trabalhar em um veículo de comunicação e realizar as atribuições de AI ao mesmo tempo. Como isso é garantido em Portugal, especificamente?
   a) Os assessores precisam ser formados e registrados.
   b) O jornalista precisa sempre fazer um relatório sobre as atividades que desenvolve.
   c) O relações públicas precisa de uma licença para atuar.
   d) O jornalista precisa entregar sua carteira profissional se desejar trabalhar como assessor.
   e) Jornalistas em geral não podem fazer AI nesses países.

5. No decorrer do capítulo, afirmamos que é importante que o jornalista busque um conhecimento mais generalizado dentro do campo da comunicação quando se trata de realizar a AI. Essa demanda, no Brasil, acontece sobretudo porque:
   a) todo jornalista precisa ser bem informado sobre todos os temas.
   b) há diversas técnicas administrativas que ele precisará dominar.
   c) geralmente, no mercado brasileiro, empresas pequenas e médias acabam contratando somente um profissional da área para dar conta das estratégias de comunicação.
   d) o jornalista precisa estar focado no relacionamento que irá desenvolver com a imprensa, apenas.
   e) isso faz com que esse profissional escreva melhor.

Capítulo 02

Tipos de assessorias em formato e clientes

Conteúdos do capítulo:

- Tipos de assessoria.

Neste capítulo, discutiremos sobre as formas de trabalho que você pode desenvolver como assessor de imprensa e, principalmente, o que você deve fazer para "vender" a assessoria para seus clientes. Apresentaremos exemplos de como construir cada posição, de acordo com o cliente, o mercado e o contexto. Nossa ideia é repassar dados e conhecimentos próximos da realidade e prepará-lo para os desafios que virão.

2.1 Tipos de assessoria

Como já analisamos, no capítulo anterior, os conceitos da profissão de assessor, bem como suas atribuições e as diferenças em relação aos outros profissionais da comunicação, e aproveitando que já apresentamos um panorama histórico da assessoria de imprensa (AI) e das suas especificidades no Brasil e em outros países, começaremos este capítulo abordando os tipos de assessoria. É válido ressaltarmos que cada uma delas, por si só, já é bem complexa; portanto, não tentaremos abordar tudo o que há sobre cada uma; a intenção é instigá-lo a novas pesquisas nas áreas que o interessarem.

Assessor funcionário de uma grande empresa

Pode ser uma multinacional, pode ser uma empresa de grande porte instalada na sua cidade ou uma organização que ofereceu vagas de emprego para muitas pessoas de sua família. No geral, empresas grandes que são bem dirigidas sabem da importância estratégica da gestão da comunicação para os negócios. Esse tipo de organização costuma ter um forte time de comunicação composto, no mínimo, por um profissional do *marketing*, um publicitário, um relações públicas, um ou vários *designers* e, é claro, um assessor de imprensa. É possível ainda que este último tenha um ou dois estagiários. Esse empreendimento também tem um orçamento para gastar a cada ano, em cada departamento; se o setor de assessoria tiver liberdade para, em conjunto, fazer um plano e definir onde gastar essa verba, o trabalho da divisão será facilitado (há empresas que elaboram todo o planejamento financeiro e de investimento para o ano seguinte; no entanto, no momento de dispor da verba destinada, a equipe tem de solicitar permissão a cada compra).

Em uma empresa como a descrita anteriormente, o assessor trabalha em conjunto com outros profissionais e suas responsabilidades sempre serão concentradas na imprensa, mas ele não poderá criar estratégias sozinho. A dinâmica de seu trabalho será, com uma distinção ou outra, como descrevemos no Capítulo 1: o *marketing* cuidará da criação de produtos, de embalagens e de pontos de venda, dos lançamentos de produtos e da distribuição; a publicidade criará material com agências específicas – de vídeo e aúdio, por exemplo – para fazer anúncios em determinados veículos; o relações públicas se responsabilizará pelos eventos internos e externos (inclusive os convites para a imprensa especializada ou de massa); o assessor, por sua vez, ficará sempre muito bem informado de todas essas movimentações para poder enxergar notícias possíveis em cada uma, convidar jornalistas para eventos, capitalizar relações nas outras ações. Ele será responsável por conhecer todos os veículos de comunicação que possam afetar a empresa – os de massa e os segmentados – e suas linhas editoriais, bem como saber em qual deles cada pauta ficará mais adequada.

É possível que um profissional de um veículo de comunicação entre em contato com o departamento solicitando uma entrevista com o criador do produto ou com o presidente da companhia. Nesse a caso, o assessor será a pessoa que decidirá, junto a seus líderes, qual a melhor estratégia para cada caso. Se algo der errado – o produto destampar sozinho nas prateleiras do supermercado ou um dos caminhões da transportadora tombar e derrubar algum produto químico que vai para um riacho, por exemplo –, o assessor será o responsável por gerenciar as respostas a serem dadas a todos os veículos que quiserem uma posição oficial da empresa.

De forma resumida, podemos afirmar que, no caso de grande empresa que dispõe de uma *house*, o importante é que o assessor é parte de uma equipe com a qual muito pode acontecer e, por essa razão, dois posicionamentos são fundamentais:

1. **Aprender a adaptar-se ao colega que é diferente**: Há pessoas que, ainda na faculdade, desejam escolher os colegas para realizar trabalho em grupo porque já sabe como eles são ou porque já se dão bem. Numa empresa de grande porte (ou em qualquer outro tipo de organização) você não escolhe, você se adapta.
2. **Aprender a ser colaborativo e a entender da área de todo mundo**: Por mais que as responsabilidades sejam divididas em uma equipe, todos precisam de ajuda em alguns momentos. É uma troca na qual o assessor poderá dar boas ideias para os outros colegas e receber ideias em outros momentos. Para trabalhar em grandes empreendimentos, é preciso ampliar horizontes e empreender grandes esforços para entender como as outras áreas funcionam.

Assessor funcionário de uma pequena ou média empresa

Em empresas de pequeno e médio porte, a equipe de AI costuma ser enxuta e usualmente o assessor trabalha sozinho. Além disso, as pessoas dos outros departamentos raramente entendem as atribuições desse profissional. Na maior parte das vezes, para outros profissionais, o assessor é quem conhece os jornalistas da TV, e ninguém compreende porque esses mesmos jornalistas não repetem o nome da empresa várias vezes no jornal de notícias da noite, já que o assessor sempre envia material para eles.

Assim, além de "fazer o de sempre" – encontrar fatos noticiáveis na organização e apresentá-los para os veículos que podem publicá-los ou investir em uma matéria mais elaborada –, nesse caso, o assessor também precisa convencer seus colegas sobre as estratégias de comunicação. Por isso, o conselho que damos ao profissional de AI é ficar muito perto daquele que tem autonomia decisória – o dono ou o diretor da empresa.

Nessas estruturas empresariais menores, as disputas de poder surgem com muita frequência – são comuns, por exemplo, os embates entre gerentes e diretores de áreas. Por isso, é de suma importância que o assessor, ao ser contratado, aponte que quer se reportar diretamente ao presidente ou ao gerente de *marketing*, quando houver, pois assim economiza a energia que seria gasta tentando convencer pessoas. No entanto, é preciso que esse profissional esteja consciente de que, em qualquer organização, precisa lidar com egos, dinâmica que faz parte da área da comunicação em geral. O assessor de pequenas ou médias empresas deve:

- estar muito bem informado em relação a todos os movimentos estratégicos que a empresa realiza;
- apontar quando poderá haver problema em relação à imagem da organização;
- treinar os principais executivos para o contato com a imprensa, de acordo com o segmento em que a organização atua, orientando sobre o que devem ou não falar (cenário próximo do perfeito) ou escolhendo um gerente-chave que possa falar sobre vários assuntos;
- participar das reuniões do conselho ou da diretoria, pelo menos para se preparar, caso alguma coisa errada aconteça com os planos gerais;
- fazer o *media-training*[1] e acompanhar sempre (nesse ponto, a dica é conversar com o grupo de diretores e escolher aquele profissional que tem a melhor retórica, a melhor postura para falar em público, ou alguém que se responsabilize pelo setor mais vulnerável da empresa – seria o financeiro para falar de ações na bolsa de valores, por exemplo –, e depois treiná-lo).

1 Treinamento específico sobre como lidar com as perguntas de jornalistas, que traje vestir para cada ocasião, o que falar e como falar e quais gestos fazer.

Apesar de o volume de trabalho ser grande, se a companhia tiver noção da importância estratégica da comunicação, o setor de assessoria de imprensa funcionará bem. Caso contrário, é possível que o assessor sempre tenha de explicar o motivo de cada movimento que faz, tanto no que se refere ao contato com a imprensa quanto em relação às decisões de não publicar ou não comunicar determinados fatos.

Assessor empresário, dono do próprio negócio

Com espírito empreendedor – e, às vezes, com a necessidade de um sócio que o auxilie nas habilidades necessárias –, é possível que o assessor de imprensa abra uma empresa de comunicação. Esse formato satisfaz a relação de pequenas empresas em geral, quando elas não têm condições de contratar um comunicador interno da organização. Há vantagem também para o próprio profissional, que terá a chance de trabalhar com diversos perfis de clientes, com diferentes tipos de negócios, objetivos e públicos. É uma das opções mais ricas em relação à aquisição de experiência e a ter versatilidade em diversos planos de comunicação.

No caso do modelo de assessoria descrito nesta seção, a ideia é montar, na empresa, uma equipe multidisciplinar que já mencionamos nesta obra, mas que sirva a diversos clientes, que têm objetivos diferentes. Nessa situação, os projetos a serem feitos são inúmeros, desde a produção de veículos informativos internos para essas empresas até campanhas de comunicação em geral, principalmente se a empresa for de comunicação multidisciplinar, ou seja, se fizer (em paralelo com a assessoria de imprensa) publicidade, eventos e *marketing*.

Outra opção é montar uma agência de assessoria de imprensa. Esse formato é um dos mais comuns e, inclusive, muitas vezes as empresas grandes optam por contratar assessorias externas.

Perguntas & respostas

Qual é a diferença entre contratar uma empresa de assessoria e contratar um assessor exclusivo?

Em geral, é menos oneroso contratar uma empresa, assim como é mais simples para os empreendedores trocar de fornecedor caso o projeto não funcione. Os contratos podem ser firmados por projetos (assessoria para um evento específico) ou por mês (o que chamamos de uma relação com *fee* mensal). Nesse modelo, o assessor de imprensa planeja o relacionamento contínuo que estabelecerá com a imprensa durante o período do contrato (que costuma ser de 6 meses a um ano, com outras possibilidades de duração) e divide os custos dessas ações pelos meses contratados. Esse modelo fornece fluxo de caixa para a AI e, para o cliente, confere estabilidade, uma vez que terá um assessor para atendê-la sem o custo de contratação interna e sem ter de tratar de cada projeto e seus preços. É uma opção confortável para diversas empresas e empreendedores atualmente.

Quais são as vantagens dessa opção para o cliente?

Essa opção garante ao cliente que o assessor estará atento às novidades do mercado em geral, já que estará também trabalhando para outros clientes, de outras áreas. Essa variedade torna a relação mais dinâmica e traz mais ideias para novas estratégias.

Ainda na esteira dos tópicos já abordados, é válido ressaltarmos que é recomendável ao assessor de imprensa não trabalhar para dois clientes que sejam competidores diretos no mercado, pois isso traz implicações éticas. Em virtude de sua função, esse profissional precisa saber de informações que, muitas vezes, são privilegiadas e estratégicas e, por essa razão, é díficil atender a concorrentes de maneira contínua. No entanto, esse posicionamento dependerá do código de ética de cada profissional. Há casos em que fazer assessoria para um evento específico de um competidor não é tão grave; há outros em que a equipe de assessores é grande o suficiente para cuidar de várias carteiras de clientes. Ainda assim, é sempre importante que os clientes saibam a quem o assessor atende, para que possam ter a liberdade de manter-se ou não com a assessoria. Vale sempre o bom senso e, quando se trata de negócios, ter transparência é fundamental para construir uma relação de confiança.

Assessor autônomo independente (*freelancer*)

Essa proposta é similar à anterior (de ter empresa), mas sem uma estrutura grande e sem custos fixos. Nesse caso, é importante pensar em duas questões: ter uma empresa registrada é mais interessante para os clientes, que pagam menos impostos dependendo da classificação do seu empreendimento. Por outro lado, ter uma organização com funcionários e outros assessores sempre é uma estrutura que demanda o consumo de custos fixos – como os de luz, água, aluguel do espaço, salários, equipamentos em geral –, que, tendo algum projeto em vista ou não, é preciso pagar.

Nesse sentido, iniciar uma carreira como assessor autônomo pode ser uma ideia mais acessível e barata, uma vez que é possível trabalhar em casa ou em qualquer café ou escritório de *co-working* (estruturas partilhadas entre profissionais de várias áreas). Em casa, se houver um ambiente com sossego e que comporte um computador e uma impressora, já é um começo. Além disso, é sempre interessante contar com uma boa máquina fotográfica, apesar de os celulares já funcionarem muito bem para os propósitos de assessoria, e um gravador (que também pode ser o celular). Ao fazer assessoria para TV, talvez seja necessária uma câmera mais avançada, que reúna as funções de foto e vídeo.

Para exemplificar como funciona essa proposta de trabalho, transcrevemos a seguir um relato de alguém que passou por essa experiência:

> Meu primeiro trabalho como autônoma durou 4 anos e não foi algo que estava buscando, tinha receio de perder todos os benefícios e a estabilidade de um emprego. Mas, já no primeiro mês, percebi as vantagens: conciliar com outros trabalhos, um faturamento mensal três vezes maior, liberdade e flexibilidade de horários. Percebendo que não voltaria mais a procurar emprego, decidi abrir a minha empresa. Hoje, não tenho chefes, tenho clientes; meus colegas de trabalho são parceiros, pessoas que escolho a dedo para atuar comigo no atendimento. Vejo que nem todo mundo tem perfil para trabalhar por conta própria; é preciso ter foco, buscar um nicho de mercado, saber organizar o tempo, guardar dinheiro, não parar de estudar e cativar o cliente sempre.
>
> Se não tomar cuidado, as vantagens viram desvantagens: os horários flexíveis podem se virar contra você se não souber administrar o tempo; você é quem decide quanto vale o seu trabalho, mas se não souber cobrar bem e não estipular os serviços a serem prestados e até quantidade de reuniões,

> o cliente pode te sugar e você trabalhar mais do que imaginava; trabalhar em casa pode parecer ótimo, mas precisa de um bom planejamento e colocar limites, principalmente se mora com mais pessoas. Não ter alguém te cobrando o tempo todo pode parecer bom, mas é preciso muita responsabilidade e disciplina para entregar as demandas no prazo. Para quem quer ser dono de si, aconselhável, de preferência, alguma experiência com o trabalho convencional. (Oliveira, 2016)

Como você pôde ver no relato da jornalista Brisa Teixeira Oliveira, que foi assessora de imprensa autônoma por 10 anos[2], dois fatores muito importantes para o assessor autônomo ou *freelancer* (que pode prestar serviços para clientes diretos ou para outras agências, de forma temporária): a disciplina e a organização, no que se refere tanto a datas quanto a contatos.

Clipping

Há, ainda, quem queira trabalhar só com *clipping*, isto é, percorrer sozinho – ou montar uma empresa ou uma equipe que percorra – todos os meios de comunicação, analisando o que foi publicado ou não sobre determinados clientes, sobre seus competidores

2 Brisa atendeu a diversos grupos educacionais do sul do país, além de escolas de línguas e eventos e feiras em geral.

ou sobre assuntos de áreas afins. Uma agência de *clipping* produz diversos tipos de relatórios, muitos já automatizados, que organizam os resultados do esforço de assessoria.

Um exemplo prático: um profissional faz assessoria para um festival de música regional e, por isso, quer saber quem da sua lista de contatos publicou ou fez matéria sobre o assunto enviado. O assessor contrata uma agência de *clipping,* que vai ler todos os jornais, ouvir e ver programas de rádio, TV e internet (às vezes, os eletrônicos são feitos por uma empresa especializada, separada do impresso) e que irá, então, reunir tudo o que foi publicado a partir desse trabalho de assessoria, durante determinado período. Em geral, para eventos, esse trabalho é realizado até cerca de 15 dias depois do evento. Esse relatório é o que o assessor de imprensa irá entregar ao seu cliente mostrando os resultados de suas estratégias. Outra possibilidade é o próprio assessor elaborar os relatórios para outros colegas. As opções de maneiras de trabalhar são variadas, como você pode ver.

2.2
Assessoria de empresas

Fazer AI para empresas requer, antes de mais nada, uma boa posição do assessor de imprensa dentro da própria organização. Em outras palavras, sendo contratado como funcionário ou sendo profissional terceirizado da empresa, o assessor precisa se reportar diretamente ao presidente do empreendimento ou ao grupo de diretores que definem as estratégias de comunicação, aqueles que têm autonomia para tomar decisões que impactem toda a estrutura da empresa e sua imagem.

Esse é o principal cuidado que o assessor de imprensa deve tomar, porque AI é estratégia das mais importantes para o posicionamento da empresa no mercado, e é necessário fugir das "fogueiras das vaidades" que se nutrem nas organizações, para não ser usado internamente.

Isso claro, é hora de trabalhar a expectativa do seu chefe ou cliente do assessor:

> Independente do perfil do assessorado, lembre-se de que todos, sem exceção, esperam que a percepção que a sociedade tenha sobre ele, por meio da imprensa, esteja ajustada à realidade dele. Isso torna-se mais importante se lembrarmos que os veículos de comunicação expressam – ou deveriam expressar – nada mais do que o entendimento da opinião pública quanto aos assuntos abordados.
>
> Se entre os seus assessorados estiverem empresas líderes em seus segmentos com os melhores produtos e serviços, saiba de antemão que elas vão considerar inaceitáveis matérias que atribuam essas qualificações aos concorrentes. Não tenha dúvidas de que quase sempre a cobrança deverá recair

> sobre você. Afinal de contas, como um concorrente conseguiu se posicionar tão bem? Como foi possível que a imprensa veiculasse informações sobre o concorrente sem questionar a veracidade sobre supostas vantagens qualitativas? (Mafei, 2012, p. 54-55)

Sim, "pressão" é o segundo nome do assessor. O primeiro é "resultado". Trabalhar com a expectativa dos clientes e dos chefes quando eles não compreendem como uma assessoria funciona é ainda pior que quando eles sabem do que se trata. No entanto, o assessor não pode usar o desconhecimento dos seus superiores como desculpa para não buscar resultados adequados; então, a expectativa deve ser resolvida já no início do relacionamento. Nada melhor que uma conversa franca, em que o profissional de assessoria pergunte muito mais que responda, para poder entender o que move realmente seu cliente ou chefe. Dessa forma, é possível pontuar o que é razoável, o que é adequado, o que é loucura. Há presidentes de empresas que "personificam" o produto e querem estar presentes em todos os programas de TV que eles gostam de assistir. Numa situação dessas, ser paciente e didático é muito importante, bem como apontar com clareza – depois de um diagnóstico do público e do mercado – o que é o ideal, qual público deve ser atingido e quais veículos ou programas são mais adequados àquele objetivo.

Você já deve ter percebido que temos reforçado muito esse tópicos dos relacionamentos desenvolvidos enquanto o profissional assessor realiza seu trabalho em uma empresa. A intenção é apontar que seu sucesso não depende somente dos procedimentos ligados especificamente ao relacionamento com a imprensa. Quando faz assessoria, o assessor lida com expectativas e pré-julgamentos de muitos ao seu redor. Então, é preciso criar laços dentro da organização, para que o profissional possa fazer o seu trabalho tranquilamente. Quando os resultados forem apresentados, tudo deve ficar muito bem. O assessor de imprensa deve se assegurar, durante o *briefing*, de que posteriormente as expectativas possam combinar sem problemas com os resultados.

Esse relacionamento tranquilo com todos dentro da organização também ajudará na procura por sugestões de pautas para enviar à imprensa. Há muita informação guardada com colaboradores de base, como secretárias, supervisores e vendedores. De repente, há uma tática muito criativa que determinado distribuidor está usando para ajudar os clientes finais em determinada região. O assessor saberá dessa história se estiver bem próximo a esse pessoal. Então, outro conselho é que, ao mesmo tempo em que estiver muito perto da presidência ou da diretoria, o profissional de assessoria esteja perto de todos os outros escalões da empresa. Numa indústria, ele precisa ir para o chão de fábrica com frequência, para criar relacionamentos e ser informado sobre o que está acontecendo na empresa.

Ao estar em todos os lugares, é importante que o assessor de imprensa ganhe a confiança das pessoas. Algo também muito comum é que o diretor peça a esse profissional que, nessas andanças por toda a estrutura da empresa, forneça informações privilegiadas do que ocorre em outros departamentos. A situação é complicada e o assessor precisa ter jogo de cintura para se posicionar. Os integrantes do chão de fábrica não confiarão no profissional de assessoria se souberem que ele está ali só para buscar informações para a alta cúpula da organização.

O assessor de imprensa precisa definir, no seu trabalho, um porta-voz da empresa e treiná-lo. *Media-training*, tema do qual trataremos mais adiante, é fundamental para empresas que estão no foco dos veículos de comunicação. Então, o assessor deve buscar, uma ou duas pessoas da diretoria que estejam capacitadas para falar em público – e que gostem disso – e realizar um minicurso, mostrando como a imprensa funciona, como são seus prazos e o que seria critério de noticiabilidade ou o que seria notícia para eles. Em seguida, o profissional de assessoria precisa apontar alguns dos assuntos em que a empresa tem mais possibilidade de servir de fonte e realizar simulações para apontar formatos de perguntas e como elas devem ser respondidas. É necessário que o assessor oriente, também, cada um dos departamentos a mandar qualquer jornalista diretamente para a assessoria, e explique para todos os envolvidos os motivos que fazem o assessor ter que "controlar" essa conversa com a imprensa. No entanto, o profissional deve lembrar-se sempre de ser filtro e preparador, nunca um "atrapalhador" de entrevistas e contato. Explicamos: há assessores que querem ter tanto controle de todas as informações saídas da empresa que acabam criando animosidade tanto com os jornalistas que buscam as informações quanto com o pessoal de dentro da organização, que gostaria de falar, contar, mas se sente controlado por alguém. O assessor de imprensa não pode ser essa pessoa e deve se colocar no lugar do jornalista. O assessor por excelência é aquele que, quando o jornalista entra em contato, pergunta tudo que ele precisa e para qual prazo, envia material preparado anteriormente e aponta quais seriam as melhores pessoas para serem entrevistadas.

Para ter esse perfil, o profissional precisa ter preparado um material que economize o tempo de todos os envolvidos no processo: do jornalista, para entender a organização; do entrevistado, para não precisar responder a perguntas óbvias ou básicas, que o próprio assessor pode ter fornecido – como tempo da empresa, ingredientes de determinado produto, fornecedores, enfim, informações de contexto –; e o do próprio assessor, para que não se veja repetindo praticamente o mesmo procedimento a cada jornalista que abordá-lo. Por isso, o profissional de assessoria precisa pensar como um jornalista, mergulhar na empresa e preparar diferentes perfis de material. Alguns exemplos: um texto curto e direto sobre a história e outro maior para uma possível matéria de perfil; um sobre os valores e o direcionamento da empresa; outro sobre os produtos e as matérias-primas (o que cabe no caso de produtos que apresentam uma forma de produção específica ou exclusiva, como cervejas, por exemplo). Enfim, aos poucos, com a experiência, o assessor produz esses textos e os deixa arquivados para poder usá-los quando for necessário e, assim, não realizar tarefas repetidas.

No trabalho mais ativo – o de provocação de pautas na mídia –, o melhor conselho possível é manter a cabeça aberta. O assessor pode encontrar histórias muito boas em um simples passeio por uma fábrica de camisas, por exemplo: Alguém já falou sobre a história do botão utilizado na confecção? Como foi feito o primeiro botão? Por que camisas têm botão, e não zíper? Já falaram sobre a criação do velcro, feito a partir de pequenas plantas que grudam nas roupas?

Pode parecer um tanto maluco, mas são exatamente essas pautas diferentes que os veículos buscam. Esses grupos já sabem fazer mais do mesmo. Então, não há problema em propor uma pauta para um programa de televisão de moda que mostre como o botão é feito na fábrica, como era produzido antigamente, que apresente um histórico do acessório, ou, nesse mesmo exemplo, que fale sobre a máquina de costura e sobre como ela evoluiu com o passar do tempo ou, ainda, utilizar uma data comemorativa específica. Outra possibilidade, levando-se em conta os resultados financeiros positivos em um ano de crise, é partilhar com outros empresários, em programas e editorias específicos, o que fez essa fábrica terminar o ano com saldo positivo.

A assessoria em empresas envolve relacionamento com os diversos degraus da organização, bem como um mundo de possibilidades a partir do que a diretoria pretende alcançar. É possível que, dependendo do segmento, haja uma busca natural da imprensa por fontes internas. Portanto, o assessor de imprensa precisa transformar os executivos nas melhores fontes da empresa.

2.3 Assessoria em eleições

Não é novidade para nenhum de nós que, nos períodos de eleições, pode ocorrer um tipo de jogo covarde entre oponentes, no qual adversários políticos e seus assessores escarafuncham o passado, o presente e o possível futuro dos outros candidatos. Por essa razão, o primeiro conselho para quem deseja assessorar em eleições é: se prepare emocionalmente. Frieza ainda vai salvar seu estômago de uma gastrite. Não adianta tratar os assuntos e qualquer avanço dos adversários com paixão. Haverá mentiras; pessoas induzindo alguém pago a declarar que um dia realizou negócios escusos com determinado candidato; indivíduos desenterrando compras, visitas, conversas, tudo. Então, começando pelo pior, a ideia que temos nesta seção é apresentar um panorama para que o assessor de imprensa se prepare para um cenário desses. Primeiramente, o profissional deve pedir ao seu candidato assessorado que já informe de antemão, talvez em uma reunião de *brainstorm*, fatos do passado que podem ter dúbia interpretação ou ser questionados e usados contra ele. Em seguida, o assessor deve conceber formas de responder a essas situações.

Perceba que não estamos generalizando ou afirmando que todos os políticos agem de maneira igual; estamos apenas apontando que qualquer cidadão pode ser vítima de situações mal interpretadas. Levando isso em consideração, essa seria a maneira ideal de começar a assessoria de um candidato, mas nem sempre há tempo para se prevenir dessa forma. Por isso, o assessor não deve "arrancar os cabelos" caso algum escândalo seja levantado; o profissional deve lidar com ele da forma mais racional possível e falar a verdade. A melhor opção para rebater controvérsias ou exageros nunca será o uso de mentiras, porque, mais cedo ou mais tarde, as verdades aparecem. Além disso, o assessor de imprensa precisa também cuidar da sua própria imagem.

Outra dica importante é não compactuar com os escândalos alheios. É possível que o candidato assessorado queira fazer o jogo de desenterrar o passado do adversário. Então, não só por uma questão ética, mas também porque o feitiço sempre pode virar contra o feiticeiro quando se trata de construção de imagem, o assessor precisa se mostrar veemente contra essa prática. Para que você possa compreender melhor essa ideia, analise o estudo de caso a seguir, com um exemplo real, que aconteceu no sul do Brasil.

Estudo de caso

Em uma eleição para prefeito no sul do Brasil, competiam oito candidatos. Entre eles, estavam o Candidato X, prefeito na época da eleição, e o Candidato Y, que havia sido prefeito quatro mandatos antes. A rivalidade era grande entre os dois. O Candidato Y usou como uma de suas estratégias a crítica ao governo atual – discurso batido, mas que ainda funciona porque conta com a insatisfação do povo.

Como resposta, o Candidato X fez uma denúncia grave no meio da campanha, acusando o Candidato Y de ter desviado objetos de museus da cidade para usar em sua própria casa quando exerceu o cargo. O acusador desafiava seu concorrente a mostrar os objetos que despertaram suspeita para uma equipe de peritos, que os compararia com fotos dos objetos sumidos.

O Candidato Y se negou a abrir sua casa, o que poderia dar sinais de que essa acusação poderia ser verdade. Então, a imprensa encontrou um meio de explorar o caso e conseguiu fotos tanto dos bens sumidos quanto de eventos na casa do acusado em que esses objetos apareciam, para propor uma comparação informal.

Era quase como se estivesse comprovada a culpa pelo desvio de obras de arte públicas para uso privado. A princípio, essas informações dariam vantagem ao Candidato X, que comprovou que o Candidato Y não se portou bem quando estava no governo. Porém, o que ficou bem claro em comentários tanto de eleitores quanto de críticos em geral foi: porque o atual prefeito fez a denúncia somente agora, durante a campanha eleitoral? Para boa parte do eleitorado, a ação se mostrou um jogo muito baixo, que não tinha como intenção recuperar os bens públicos.

A atitude do Candidato X – que teve quatro anos para denunciar seu concorrente, mas fez isso durante sua campanha para a reeleição – pegou tão mal que ele não conseguiu nem chegar ao segundo turno. O Candidato Y se elegeu.

Para o assessor que deseja trabalhar em eleições, a lição é: evite o uso de denúncias antigas, principalmente se elas só forem utilizadas durante a campanha. O resultado pode ser ruim para todos os envolvidos.

Quais podem ser, então, as responsabilidades de um assessor de imprensa com seu assessorado nas eleições? Aqui, apresentamos algumas das tarefas que podem fazer parte do escopo de trabalho desse profissional:

- Repassar aos jornalistas o posicionamento do candidato em relação aos mais variados temas e deixar preparados materiais específicos a respeito das áreas que serão o foco da campanha.
- Assessorar o candidato na criação de textos, desde discursos para eventos até artigos que podem ser enviados aos veículos.
- Acompanhar as entrevistas das quais o candidato for participar, instruindo-o sobre os assuntos mais adequados e sobre as respostas a serem dadas.
- Fornecer ao candidato análises, interpretações e perfis com base na leitura – sempre atualizada – da mídia.
- Fazer *media-training* com o candidato – cabe aqui conselhos até sobre vestimenta, se for o caso, e sobre a linha editorial de cada veículo de comunicação, para que ele tenha o contexto geral midiático.
- Coordenar a equipe de conteúdo nas redes sociais, respondendo com equilíbrio às perguntas de eleitores.

Em assessoria para eleições, os procedimentos técnicos rotineiros são, na verdade, os mesmos realizados para a assessoria de uma personalidade. O que traz contornos mais desafiantes são as implicações ideológicas e éticas.

Perguntas & respostas

O assessor precisa ser eleitor do candidato para fazer um bom trabalho?

Depende do profissional. Há aqueles que conseguem separar o que acreditam do que precisam cumprir. Há outros, no entanto, que não conseguem fazer isso. Há aquele que, por acreditar em um plano de governo, em uma postura – mesmo sabendo que todos têm defeitos – consegue pensar em estratégias para defender esse ponto de vista. Mas é preciso entender que essa é uma posição discutível e que há muitos colegas, de competência inquestionável, fazendo assessoria de imprensa para candidatos nos quais não votariam. Para que o assessor descubra como ele mesmo funciona, autoconhecimento é fundamental. O profissional precisa se perceber nos seus projetos. Há diversos tipos de perfis profissionais e diferentes maneiras de encarar um projeto.

Conforme já mencionamos, uma questão bem delicada na assessoria em eleições é a tendência a deturpar ou mentir. Por mais que o candidato assessorado diga que é esse o jogo, não funciona. Mais cedo ou mais tarde, os problemas aparecem, ainda mais em uma sociedade tão interligada como a nossa. O problema, nesse caso, não é só o assessorado não ganhar a eleição:

o assessor fica marcado, na sua profissão, como alguém que mente. Façamos o seguinte raciocínio: os jornalistas dos veículos confiam em informações fornecidas por um profissional de assessoria depois que alguma mentira ou algum escândalo no qual ele esteja envolvido for descoberto? O que você faria no lugar deles?

A verdade, com jogo de cintura, é sempre a melhor opção.

O assessor deve ter em mente que o candidato é uma figura pública, e que figuras públicas não têm vida privada. É possível que ele insista que há as duas esferas na vida dele. Não há, e o profissional de assessoria precisa fazê-lo entender isso. Algo que acontece na vida privada pode muito bem se tornar um escândalo, e o assessor de imprensa deve estar preparado para interferir na vida pessoal do candidato.

Veja alguns exemplos: se o candidato costuma ir a festas e ingerir álcool, em hipótese alguma ele deve passar do ponto ou sair dirigindo. Sabe-se que, mesmo sendo crime federal e um risco imenso para diversas vidas, as pessoas continuam cometendo esse erro gravíssimo. Questionamos: Você votaria em alguém que dirige bêbado? Como alguém que pretende administrar qualquer esfera pública pode agir dessa forma? Seu candidato pode ter vários defeitos, mas, principalmente durante a campanha, ele precisa manter a lisura e a moral intactas. O que seria ideal, é óbvio, também no exercício do seu trabalho quando for eleito.

Você deve ter notado que é necessário que o candidato assessorado siga os conselhos do seu assessor para ser bem-sucedido.

E isso pode depender dos tipos de personalidade que o profissional e seu candidato têm. Políticos, em geral, têm presença forte, e não é raro pensarem que sabem o que estão fazendo e, por isso, deixarem de ouvir seu assessor. Assim, o assessor precisa "ter ascendência" sobre seu assessorado. Sobre essa situação, Mafei (2012) faz uma análise interessante:

> Parte dos assessorados em potencial, e parte dos clientes, julgam saber como a imprensa funciona e como devem se relacionar com ela. Mas na realidade não sabem. Não tem nada demais não saberem. [...] O problema é acreditarem que sabem. Como são executivos de muito sucesso ou personalidades reconhecidas, alguns chefes com os quais você vai lidar acham que já sabem o suficiente sobre a mídia e que, portanto, não há nada de novo que possam aprender. Caso haja, acreditam que não deva ser algo assim tão importante. E se for importante creem que não será com um fornecedor de serviços que aprenderão. Assim não dão o braço a torcer.
>
> Apesar desse perfil de assessorado ainda assim contratar as agências de comunicação – reconhecendo a importância delas para a estratégia dos negócios – na prática, o cliente muitas vezes muda por conta própria toda a estratégia de comunicação previamente acordada. E o faz simplesmente porque acha que tem uma ideia melhor para o que deveria ser executado.

> O pior é que isso geralmente acontece para o desespero dos assessores em cima da hora dos acontecimentos planejados. Só é capacitado para a função de assessor quem, no decorrer do trabalho, consegue ter ascendência sobre o cliente e consegue convencê-lo de que o especialista em comunicação ali é ele, o jornalista. Trata-se de uma relação custo-benefício prejudicial para uma empresa que paga uma assessoria e, especialmente em momentos cruciais, faz apenas o que lhe dá na telha. Se assim for, não há razão para contratar o assessor de imprensa. (Mafei, 2012, p. 59-60)

Há ainda uma história, contada por Roberto Neves, que pode ajudar o assessor de imprensa a se posicionar em relação ao seu assessorado. Neves faz uma comparação entre os escândalos de Watergate e Mônica Lewinski que envolveram os ex-presidentes americanos Richard Nixon e Bill Clinton, respectivamente. O primeiro colocou uma escuta no diretório de seu opositor durante a campanha eleitoral, e dois jornalistas do *Washington Post* descobriram a trama. Já o segundo acabou confessando uma série de desvios comportamentais durante seu governo, incluindo adultério. Ambos presidentes releeitos em uma sociedade altamente moralista; ambos contando com economia em alta no país; e temos dois resultados da opinião pública: um foi forçado a renunciar, e o outro teve o pedido de *impeachment* cancelado por pressão popular. Qual a diferença entre eles? Neves explica que

> a diferença entre *Clinton* e *Nixon* é que o primeiro tinha, no momento da crise, uma excelente imagem pessoal conseguida não só em cima de seus próprios atributos, como também construída através de um inteligente programa de comunicação social, disciplinadamente seguido pelo próprio e por toda a sua equipe. *Nixon*, além de pobre em atributos pessoais, confundia Relações Públicas com propaganda, não acreditava em assessoria e gostava de improvisar. E curtia a embriaguez da sua *egotrip*. Quando o bicho pegou para *Clinton*, ele tinha tamanho saldo de imagem pessoal que pôde pagar a conta e ainda sair com umas sobras. *Nixon*, ao contrário, quando *Watergate* pipocou, já operava na reserva. Em suas memórias, utilizando a figura de *John F. Kennedy*, seu adversário mesmo depois de morto, *Nixon* faz uma cruel avaliação da sua própria imagem. Disse ele: *"Quando pensam em Kennedy as pessoas pensam em como gostariam de ser: Bonitas, inteligentes, dinâmicas, bom caráter. Quando pensa em Nixon as pessoas se veem como realmente são."*

> Cruel, né?, mas verdadeiro. Imagem é isso aí. Imagem é o que está na cabeça das pessoas. (Neves, 2015, p. 2, grifo do original)

Além de todos os conselhos que já elencamos aqui, oferecemos ainda um último: se o cliente-candidato-político não seguir o plano do assessor de imprensa, este já tem histórias para contar para seu assessorado.

2.4 Assessoria de personalidades

Assessorar pessoas é um dos maiores desafios que um assessor de imprensa pode enfrentar, muito por causa da especificidade do assunto, quando se trata de uma celebridade, mas, ainda mais, quando não se trata de uma celebridade. Observe: quando assessora uma celebridade, o trabalho do assessor é muito mais passivo e reativo, tentando gerenciar a demanda da imprensa e as notícias que saem espontaneamente, sobre, por exemplo, o dia a dia da figura pública. No entanto, como é que se faz assessoria para um médico ou um contador? Há quem pense que, a menos que o médico tenha criado um tipo de transplante supermoderno, não há muito o que fazer; ou que se o contador não tiver concebido uma forma legal de pagar 50% menos de Imposto de Renda, é difícil promover esse profissional. Pensamento errado. E, antes de dar exemplos interessantes sobre essas duas profissões autônomas, vamos para o estudo de caso a seguir, que apresenta uma história real, vivida pela autora desta obra que você está lendo.

Estudo de caso

Eu e minhas sócias tínhamos uma agência de comunicação que produzia duas revistas segmentadas e outros trabalhos para diversos clientes, mas sempre na seara de material promocional. Certo dia, uma terapeuta corporal bateu na nossa porta. Ela queria que fizéssemos a logo para sua nova organização. Fizemos o *briefing*. Na conversa, a profissional informou que dispunha de técnicas de relaxamento e estímulo de memória que estavam fazendo sucesso entre seus clientes, e percebemos logo que talvez ela pudesse ser a nossa primeira cliente de assessoria de imprensa. Propusemos fazer dois meses de assessoria direcionado ao seu trabalho como terapeuta, a fim de avaliar estratégias que cada uma já havia testado isoladamente. Funcionando, faríamos a assessoria da organização como um todo.

Seguimos o protocolo: contratamos uma agência de *clipping* para poder medir o resultado que poderíamos alcançar. A equipe, com larga experiência no mercado, afirmou de antemão que seria bem difícil emplacar algo relacionado à terapeuta, porque não era um tema que as redações buscavam.

Na reunião para decidir como faríamos a abordagem, lembramos que estávamos no final do ano, época de vestibular para vários adolescentes, e que seria interessante a terapeuta dar dicas tanto para os estudantes quanto para as famílias que queriam ajudar seus filhos, netos e sobrinhos a irem bem na prova. Fizemos textos diferentes, claro. Focamos diferentes públicos, e o resultado foi surpreendente: uma matéria na revista *Saúde*, outra na revista *Claudia*, convites para programas regionais de televisão e outra matéria no portal de notícias *Uol*. Essa última surtiu um efeito cascata: a terapeuta recebeu uma enxurrada de *e-mails* de pais e mães pedindo detalhes de como poderiam ajudar seus filhos a relaxar.

O que aprendemos com isso? Aprendemos que nenhum profissional está isento de virar notícia. Sempre há um jeito de transformar qualquer pessoa em fonte. Outra lição bem interessante é que nem sempre quantidade é qualidade. Essas poucas publicações em veículos de grande acesso reverberaram por um bom tempo, fazendo que jornalistas procurassem a profissional para ser fonte de informação para outras matérias e para participar de debates.

Tendo esse *case* como base, podemos afirmar que o médico citado anteriomente sempre pode dar conselhos sobre cuidados com a saúde, focando na especialidade que escolheu seguir. O contador sempre é fonte de informação na época da entrega da Declaração de Imposto de Renda, e é possível provocar pautas durante o ano todo se ele foi utilizado como fonte de assuntos voltados a finanças, compras, conselhos sobre impostos. Enfim, trabalhar a imagem de uma pessoa, um profissional, é uma atividade que exige um pouco mais que o trivial, mas funciona e dá visibilidade.

A situação muda um pouco quando se trata das celebridades. A assessoria dessas pessoas tem uma dinâmica diferente porque, naturalmente, elas já estão na mídia. Não é necessário muito esforço para que apareçam, e essas aparições podem ser altamente desastrosas se não forem bem administradas. O desafio de fazer assessoria de celebridades é que dificilmente o assessor de imprensa poderá esconder a personalidade do assessorado. Se for alguém carismático, tudo bem, porque a pessoa automaticamente lida bem com os holofotes, é simpático, sorri, acena. O assessor só precisa treinar e direcionar as informações sobre *shows*, organizar entrevistas coletivas. A pessoa em si é a notícia, então não há muito com o que se preocupar.

O problema são os que nasceram tímidos ou aqueles que realmente não gostam de responder perguntas. Esses indivíduos precisam de estratégias de contenção. Um exemplo é o jogador de futebol Leonel Messi. Extremamente tímido, foi envolvido em boatos que afirmavam que ele tinha autismo. O esportista evitava dar entrevistas e, para administrar a crise, até o pai acabou virando fonte para as notícias (Matsuki, 2014).

Nesses casos, a imprensa pode ser bastante cruel. Celebridades que não se encaixam no padrão sorrir-acenar--ser simpático acabam sendo fonte de críticas inesgotáveis dos veículos de comunicação, principalmente de colunistas e críticos do campo de atuação dessas estrelas. O que fazer, então? O papel do jornalista, nesse caso, é administrar o que tiver em mãos. Se é necessária uma coletiva para o lançamento de um filme, treina-se a celebridade para responder adequadamente às perguntas. Se a imprensa ficar de plantão na frente da casa do assessorado, o assessor deve ir até lá, dar as informações de que precisam para fazer a matéria e se colocar à disposição. Mafei (2012, p. 103) também esclarece que ninguém é obrigado a falar:

> Assessorado *low profile*, que tem horror a aparições públicas: você deve dizer claramente que ele não fala e não atende diretamente à imprensa, mas que por entender que faz parte de uma corporação ou de uma entidade que tem visibilidade e desperta o interesse público, concorda em prestar esclarecimentos por intermédio da assessoria de imprensa, dos advogados ou de um porta-voz específico. [...] O direito à privacidade (mesmo no caso das grandes personalidades que por si só são notícia) é ou deveria ser assegurado desde que sejam levadas à sociedade as informações de interesse público relacionadas àquela pessoa ou organização que optou por não se expor diretamente.

Outro grande problema que acaba às vezes fugindo do controle do assessor é o escrutínio constante da vida privada desses personagens. Sempre escapa alguma informação. O importante é que o assessor – que, para fazer funcionar seu trabalho, tem que ser muito próximo da celebridade – informe a seu cliente de todos os riscos que corre.

Vamos dar um exemplo: digamos que a celebridade vá a uma festa e saia do evento carregada, alcoolizada. Claro que pessoas tirarão fotos com seus celulares e as espalharão pela rede, e isso não tem como ser controlado. Às vezes, a repercussão é mínima; em outras ocasiões, porém, a divulgação do episódio acaba causando sérios prejuízos para a carreira do assessorado, impedindo-o de fechar contratos publicitários, por exemplo, porque as marcas não gostariam de ter seus nomes ligados a alguém que tem condutas questionáveis. Nesses casos em que o estrago é grande, uma resposta nas mídias sociais já é adequada.

Por falar em redes sociais, no caso de celebridades e políticos de alto escalão, a maior preocupação do assessor deve ser sempre a internet. Tudo o que é colocado na rede mundial nela fica para sempre. As pessoas fazem *print-screen*, salvam, reenviam. Qualquer comentário poderá ser reproduzido num *looping* eterno e ser utilizado mais tarde, principalmente por adversários políticos para apontar as incoerências ideológicas de determinado candidato. Tentar convencer o assessorado a usar as redes sociais com parcimônia é uma tarefa quase impossível, mas o ideal é pedir a ele que pense muito em sua imagem. Depois do prejuízo, nem sempre o conserto convence a imprensa e a opinião pública.

2.5 Assessoria de organizações

A realização de AI de organizações e instituições sem fins lucrativos tem praticamente o mesmo escopo – e possíveis problemas a encontrar – da assessoria de empresas e personalidades. Poderíamos afirmar até que um dos maiores problemas que podem ser encontrados na assessoria de organizações em geral é o do ego. Surpreso? Essa constação pode ser feita na prática, com o estudo de caso que apresentamos a seguir.

Estudo de caso

Um dos métodos de ensino em uma disciplina de Assessoria de Imprensa de um curso de Jornalismo consistia na abordagem dos assuntos principais e, na sequência, na realização de um trabalho prático com os alunos. A ideia era que eles se dividissem em grupos, escolhessem organizações não lucrativas que não tivessem uma assessoria de comunicação ou de imprensa e oferecessem o trabalho de maneira gratuita/voluntária, enquanto a disciplina estivesse sendo desenvolvida. Ao mesmo tempo, esses alunos iriam repassar esses conhecimentos a alguém da organização para que o trabalho tivesse continuidade.

A ideia era muito boa. Os alunos praticariam o que estava sendo discutido em aula e organizações que estão desenvolvendo projetos relevantes teriam um reforço de comunicação. O procedimento envolvia discussão da teoria, visitação às organizações por parte dos alunos, oferta do trabalho e início do diagnóstico e da busca de informação. Os estudantes fariam um pré-projeto e mostrariam aos colegas em algumas aulas; assim, todos discutiriam as ações, como uma grande agência de AI.

O trabalho era empolgante porque, além de ser real, trazia os alunos para a realidade diária, promovendo aprofundamento e fixação do que estavam aprendendo. No entanto, nessas seções que fizemos para encaminhar os projetos, nos deparamos sempre com a mesma queixa dos alunos:

- a diretora da ONG disse que não poderia nos atender nas últimas semanas;
- a supervisora disse que não poderia repassar a informação;
- desconfiança dos profissionais em relação à concessão de informações sobre planejamento da ONG, para que esses dados fossem inseridos no plano de comunicação;
- um funcionário afirmou desejar sair no jornal, mas que não poderia dar detalhes sobre o financiador das atividades.

Mesmo quando eram mandados ofícios da universidade, informando que um jornalista profissional estava supervisionando todas as atividades, o trabalho não era facilitado.

Enfim, chegamos a dois diagnósticos: 1) há um profundo desconhecimento do que significa uma AI e 2) existe muita dificuldade de compartilhamento de informações pela crença de que, compartilhando, perde-se poder.

Analisando a situação apresentada, é necessário que você compreenda que é possível que, em instituições menores e não tão profissionalizadas, seja ainda maior a dificuldade para posicionar algumas estratégias ou explicar os procedimentos que envolvem os contatos com a imprensa e o estímulo a determinadas pautas.

Nesse grupo de organizações, podem ser incluídos, também, sindicatos e movimentos sociais. O terceiro setor, no qual essas instituições se encaixam, tem gerado muitas posições de AI, porque a sociedade quer saber mais sobre essas lutas; os veículos estão procurando mais notícias sobre soluções da sociedade civil para os problemas comuns e porque as próprias organizações têm entendido que suas lutas e demandas devem estar posicionadas também na esfera da comunicação.

Assim como acontece em relação à assessoria de um candidato à eleição, é possível que o assessor de imprensa seja buscado por ser um profissional da comunicação, mas, muitas vezes, essas organizações desejarão saber como são os valores do assessor em relação às suas demandas. Um exemplo: se o profissional de assessoria entende o Movimento dos Sem Terra como um grupo de invasores de terra, dificilmente será produtivo fazer assessoria para eles. Nesse exemplo específico, o assessor precisa entender a filosofia do movimento e, invarialvemente, concordar com ela.

Há também assessorias específicas para o terceiro setor, que conseguem produzir material de comunicação profissional sem se envolver profundamente na ideologia da organização. Essa relação depende muito da entidade e de como ela vê o seu próprio trabalho. O mais importante é entender que esse setor carrega uma infinidade de grupos, instituições e movimentos que se identificam de maneiras diferentes.

Mais uma vez, independentemente do tipo de trabalho, lutas ou demandas, serão as relações sociais, com as pessoas da organização, principalmente, muito mais que os procedimentos técnicos que determinarão o sucesso do assessor de imprensa.

Na outra ponta, a da imprensa, é importante que o profissional de assessoria fique atento aos pedidos dos jornalistas em relação a essas áreas, também trabalhando com possíveis "pré-conceitos" que esses profissionais tenham em relação às organizações. Veículos em geral não são afeitos a divulgar pedidos de ajuda – conduta muito comum nessa área; entretanto, se o assessor sugerir uma matéria de comportamento que cubra as visitas de um grupo de crianças de uma escola a um asilo, como se fosse um "projeto de gerações", é bem possível que consiga cobertura da imprensa. Além disso, apresentar soluções criativas para problemas da comunidade e projetos que estão surtindo resultado também atrai a atenção.

Se o assessor estiver trabalhando para organizações que trabalham com pessoas com deficiência ou com uma temática que não domine, é dever do profissional mergulhar no assunto, antes de tudo – pesquisar e estudar, conversar com técnicos e especialistas, para, então, auxiliar os colegas jornalistas a respeito do tipo de abordagem a ser adotada em relação a determinados vocábulos. Por exemplo: cegos se autodenominam *cegos*, e não "pessoas com deficiência visual"; há também os indivíduos acometidos de baixa visão, que não são cegos. Usar os vocábulos corretos ajuda o jornalista e o veículo a cumprirem uma missão muito maior que apenas divulgar a notícia que o assessor deseja, pois eles também acabam ensinando as pessoas – o público do veículo – a pensar de maneira diferente, a combater preconceitos, a esclarecer determinadas síndromes ou doenças, impelindo-as a ações positivas.

Lembre-se sempre de que o assessor de imprensa trabalha nessa engrenagem de convencimento social, de formação de opinião e, por isso, tem a imensa responsabilidade de munir seus colegas jornalistas com informação de primeira qualidade, para que eles façam um bom trabalho.

Para saber mais

CAHEN, R. **Tudo que seus gurus não lhe contaram sobre comunicação empresarial**. Rio de Janeiro: Best Seller, 2005.

NEVES, R. de C. **Comunicação empresarial integrada**: como gerenciar imagem, questões públicas, comunicação simbólica, crises empresariais. 3. ed. Rio de Janeiro: Mauad, 2015.

PENTEADO, L. **A verdade é a melhor notícia**: bastidores e estratégias de assessoria de imprensa. Bookstart, 2015.

As obras indicadas apresentam texto informal, casos e dicas de construção de AI, comunicação estratégica e relações públicas.

Síntese

Iniciamos este capítulo analisando as diversas formas de assessoria, para que você tenha um bom panorama das opções de atuação do profissional assessor. Em seguida, abordamos a assessoria de empresas e de candidatos políticos, levando em conta detalhes com os quais o assessor de imprensa precisa tomar cuidado, e a assessoria de personalidades e de organizações, cada qual com suas especificidades.

Apresentamos uma visão das diferenças básicas entre as assessorias para diferentes públicos e demonstramos as particularidades de cada projeto de relacionamento com a imprensa. O conceito que mais destacamos deste capítulo é que, independentemente do assessorado, são as relações com as pessoas que definirão boa parte do sucesso do assessor, e não somente a aplicação de estratégias de divulgação.

Também procuramos demonstrar que falar a verdade, manter a calma e mostrar credibilidade é fundamental para assessorar desde organizações sem fins lucrativos até políticos em campanha. Mudam os assuntos, mas o comportamento e o direcionamento têm uma raíz comum: a sinceridade.

Questões para revisão

1. Imagine que você fará a assessoria um candidato no qual você não confia ou a assessoria de uma organização sem fins lucrativos que realiza projetos com os quais você não concorda. Escolha uma das duas situações e responda: O quanto você considera que as crenças e ideologias podem influenciar o trabalho do assessor de imprensa de promover e divulgar algum tema ou personagem? Crie um texto com a sua resposta.

2. Entre os formatos de AI analisados neste capítulo, qual(is) você acredita fornecer maior liberdade de criação de estratégias ao profissional? Por que você pensa isso? Defenda sua posição por meio de um texto argumentativo.

3. Na AI em empresas, é fundamental ao assessor se reportar ao alto escalão ou, no mínimo, participar dos principais direcionamentos que ali são gestados. Escolha a alternativa que melhor define o motivo dessa maneira de atuação:
   a) Em geral, quando a assessoria é feita para empresas, assemelha-se muito àquela feita para celebridades, pois as questões pessoais dos executivos sempre influenciam as decisões estratégicas das organizações e, por conseguinte, afetam o trabalho que está sendo desenvolvido pelo assessor.
   b) Esse formato de trabalho está previsto no Código de Ética do Jornalista e, por lei, precisa ser cumprido sempre que uma empresa contrata um profissional para realizar a assessoria de imprensa.
   c) O assessor precisa estar sempre bem informado, a fim de se preparar, com base nas decisões tomadas pela diretoria, para problemas com a imagem que possam ocorrer e, ainda, deve apontar possíveis formatos de ação que gerem mais mídia positiva para a organização.

d) A função do assessor de imprensa tem uma importância tão fundamental quanto a da própria presidência, já que notícias mal colocadas na imprensa podem enterrar a reputação de uma organização. Dessa forma, é lógico que o assessor faça parte do conselho gestor de qualquer empresa.
e) Quando o assessor tem uma relação direta com a presidência, esse profissional pode ser usado estrategicamente como um "ouvido" da diretoria em outros departamentos, já que tem garantida a movimentação em todos os escalões.

4. Neste capítulo, afirmamos que o assessor precisa "ter ascendência" sobre o assessorado. Qual alternativa apresenta a explicação correta sobre o que isso significa?
   a) A expressão *ter ascendência* tem como raiz ascender, estar acima. Logo, o assessor precisa ter um cargo similar ao dos diretores em uma empresa assessorada para que o restante dos funcionários reporte a ele as possíveis notícias que, porventura, possam estar presentes na organização.
   b) O assessor precisa ter presença de espírito, principalmente quando convoca coletivas. A ascendência é a qualidade de falar com clareza e de encaminhar as respostas às perguntas dos jornalistas com tranquilidade

e segurança. Dessa forma, se o assessorado comete algum erro em entrevistas coletivas, o assessor pode interrompê-lo e corrigir a informação para a imprensa.

c) A ascendência sobre o assessorado permite ao assessor de imprensa ter certa autonomia quanto à criação de estratégias de comunicação com a imprensa a longo prazo. Quando apresenta essa qualidade, o profissional tem condições de tomar decisões relativas à imagem sem necessariamente consultar o seu assessorado.

d) A capacidade de fazer com que o cliente assessorado confie no trabalho e nos encaminhamentos do assessor e respeite os procedimentos acordados entre ambos é chamada de *ascendência do assessor sobre o assessorado*.

e) O treinamento contínuo voltado para o relacionamento com a mídia – eletrônica, impressa ou digital – é chamado de *ascendência*. É quando o assessor ocupa a posição de "professor" do seu cliente e mantém uma agenda de simulações que apresentam perguntas comuns que podem ser feitas pela imprensa.

5. De acordo com o que apresentamos neste capítulo – desconsiderando seus posicionamentos pessoais –, qual deve ser, idealmente, o principal objetivo do assessor de imprensa em relação aos veículos quando faz assessoria para profissionais autonômos e pessoas físicas que não são celebridades?

a) O objetivo deve ser apresentar o assessorado aos veículos de comunicação como uma boa fonte de informações dentro do seu campo de conhecimento. Dessa forma, os jornalistas saberão a quem procurar para embasar matérias que exijam uma fonte de informação especializada.
b) Entre os objetivos do assessor de imprensa que trabalha para profissionais autônomos está o de utilizar-se de mídias segmentadas – da área do assessorado – para torná-lo, dentro da sua especificidade, uma celebridade.
c) No geral, o principal objetivo de fazer assessoria para pessoas físicas que não são famosas é o de conseguir um tempo cada vez maior em programas televisivos, já que essa mídia ainda é a que impulsiona personagens para terem maior visibilidade e, consequentente, fecharem mais negócios.
d) Mesmo que se afirme que a mídia impressa está com os dias contados, ainda é uma excelente estratégia poder trabalhar a imagem de pessoas físicas em revistas nacionais. Esse deve ser o principal objetivo de um assessor que tem como cliente um profissional autônomo.
e) Como se trata de pessoa física, o importante nessa situação é construir e manter uma imagem de profissional e pessoa perfeita, porque seus valores sempre refletem no exercício da atividade. Dessa forma, o foco precisa ser a vida pessoal desse assessorado, mostrando que ele é um cidadão de bem.

Capítulo

03

Assessoria de imprensa na prática

3. fazer um planejamento de comunicação institucional de modo satisfatório;
4. ter domínio sobre a execução, de forma relacionada ao planejamento e ao diagnóstico;
5. compreender a avaliação e executá-la, sabendo que é necessária para saber se o caminho está sendo seguido ou se precisa de alguma alteração.

Neste capítulo, tendo por base o que já apresentamos nas páginas anteriores, nos concentraremos no fornecimento de dicas práticas para o trabalho cotidiano na assessoria de imprensa (AI). Iniciaremos pelo projeto de comunicação institucional e abordaremos o diagnóstico, o planejamento, a execução e a avaliação desse processo, que são os passos fundamentais do trabalho do assessor.

3.1 Projeto de comunicação institucional

Levando em consideração o conteúdo sobre o qual tratamos nos capítulos anteriores, você já deve ter se localizado na dinâmica de AI. Agora, passaremos a descrever como funciona a organização do processo e elaboração de um projeto de comunicação institucional, que é, em outras palavras, o direcionamento do que deve acontecer, do ponto de vista da comunicação, no local onde o assessor de imprensa trabalha.

Usualmente, o projeto de comunicação institucional é criado por uma equipe multidisciplinar (jornalista, relações públicas, publicitário, marketeiro) que pode existir em muitas organizações. Esse projeto engloba:

- campanhas de vendas de produtos ou serviços;
- atividades de relacionamento com os públicos-chave (como clientes, fornecedores, acionistas e comunidades dos arredores).

Isso significa que esse projeto deve conter um plano sobre tudo que envolva a imagem da empresa, desde campanhas publicitárias para vendas, eventos de lançamentos, patrocínio, distribuição de produtos, criação de material impresso, mídia social, relacionamento com os diversos públicos, comunicação interna, *newsletter, house-organ* e, claro, as notícias e o atendimento aos veículos de comunicação.

Então, *projeto de comunicação institucional* é tudo aquilo que envolve a instituição, sua marca e sua posição no mercado. Parece simples, mas combinar estratégias e objetivos que cada um visualiza não é uma atividade simples. Se o profissional assessor estiver fazendo a comunicação de uma organização menor e for o único a lidar com todo esse trabalho, é preciso pensar em todas as áreas que precisam ser abordadas com mensagens e meios diferenciados, englobando todos os âmbitos e áreas de contato entre marca e públicos.

Agora, a pergunta mais óbvia: **Como se faz um projeto de comunicação institucional?**

Para tentarmos responder a essa questão, faremos uma analogia com uma viagem. Se você não é do tipo de pessoa que pega uma mochila e sai pelo mundo sem rumo, você precisará pensar em algumas coisas antes de explorá-lo. E qual seria um dos primeiros itens a se pensar? O destino, é claro.

Da mesma maneira, definir o objetivo de um projeto de comunicação institucional é o ponto de partida. Portanto, projetos e planejamentos são feitos sempre de trás para frente – primeiro são estabelecidos os objetivos, para em seguida serem concebidos os meios para alcançá-los.

Então, para definir os objetivos, é fundamental que o assessor de imprensa tenha acesso ao grupo decisório da empresa – o presidente, o diretor geral, o conselho diretor, qualquer cargo ou patamar que disponha de poder decisório e autonomia para alinhavar todos os planos que estão em andamento nas outras áreas da organização e consiga passar para o profissional de assessoria o cenário atual e onde se quer chegar. Para escrutinar todos esses fatores, o assessor deve perguntar constantemente, anotar todos os dados fornecidos, perguntar de novo, dominar todas as possibilidades.

Numa porcentagem muito próxima de 100%, os objetivos estarão ligados a públicos que se relacionam com a organização, porque comunicação é isto: relacionamento e troca. A empresa não desejará apenas lançar informações desconectadas, ainda mais em tempos de redes sociais, em que a troca é a única certeza; a organização intentará produzir uma propaganda ótima, para vender mais; elaborar um *blog* explicativo com sugestões de receitas com os produtos, para criar fidelidade; responder com delicadeza a todas as dúvidas, para que o cliente, quando for ao mercado, pense só nessa marca, nessa empresa; desejará que seus fornecedores se orgulhem de estar vendendo, por exemplo, farinha de trigo para eles, porque os produtos feitos com essa farinha são de alto sucesso; anseará pela imprensa falando sobre o quanto a empresa é inovadora do ponto de vista de sustentabilidade e respeito ao meio ambiente.

Então, o assessor de imprensa precisa dominar os públicos, conforme orienta Rego (1986, p. 29):

> Um profissional de comunicação que possa dispor de informações a respeito de todos os grupos sociais a que está ligada a sua audiência, a respeito da importância relativa de cada

grupo, a respeito dos líderes de opinião para cada assunto e sua importância relativa, a respeito dos outros meios de comunicação que atingem seu público, a respeito dos interesses da sua audiência, este profissional poderá elaborar um programa muito mais eficiente do que outro que não saiba absolutamente nada em relação à audiência para a qual se dirige.

Em suma, o segredo principal para que se tenha uma comunicação empresarial eficiente talvez resida no conhecimento que o profissional tenha de sua audiência e das maneiras pelas quais a mensagem veiculada é filtrada até sua audiência.

Realmente, o objetivo de qualquer organização é atingir positivamente todos os públicos com os quais ela se relaciona de alguma maneira. Além disso, é válido lembrarmos que, entre público externo e interno, há subdivisões que precisam ser levadas em conta:

- **Público externo**: É composto por imprensa, cliente, fornecedores, entre outros *players*.
- **Público interno**: É composto, muitas vezes, por diversos escalões de grupos menores que têm interesses diferenciados, e todos eles terão formas diferentes de serem atingidos.

Por exemplo: se o assessor de imprensa quer reforçar questões de segurança com grupos que apresentam escolaridade mínima, o profissional não entregará um manual de 500 páginas para que cada um leia. Nessa situação, é mais fácil preparar programas de televisão para serem veiculados em um refeitório ou ainda um aplicativo para celular com jogos e pontuação com base no conhecimento adquirido em segurança.

Já que estamos tratando de variáveis relacionadas a cada público, é imprescindível que o comunicador esteja atento a todas as opções midiáticas e estratégicas possíveis para atingir seus alvos.

Estudo de caso

Uma agência de publicidade foi contratada para produzir uma campanha para a Procuradoria Geral da União (PGU), a fim de esclarecer à sociedade em geral as funções deste órgão. Essa agência subcontratou um profissional de comunicação para fazer roteiro para um filme explicativo para TV e alguns impressos, como fôlderes e *displays*. No entanto, na reunião de *briefing*, esse profissional perguntou sobre a campanha como um todo, para entender os públicos que estavam envolvidos e o público pretendido. No evento, ficou sabendo que uma das ideias que a agência desejava implementar consistia em um concurso de monografias de graduação sobre a PGU. A empresa gostaria de entregar o prêmio dentro de 6 meses.

O comunicador apontou, então, que essa estratégia não daria certo, uma vez que os alunos de graduação geralmente escolhem a temática da monografia com pelo menos um ano de antecedência.

Isso mostra, por parte da agência, pouco conhecimento sobre o público a ser atingido. A empresa não encarou bem a crítica, mas a estratégia realmente foi um fracasso. Havia outras formas de atingir o público universitário em geral, desde eventos, *quizzes*, distribuição de brindes etc.

Assim, você pode perceber o quanto é importante adequar a estratégia ao público e, mais que isso, o quanto é imprescindível conhecê-lo.

Portanto, a premissa para criar um projeto de comunicação institucional é saber dos seus públicos e do que os motiva, pois o objetivo de um projeto de comunicação institucional, seja qual for, sempre passará pela mobilização de uma ação ou pela resposta de cada um desses públicos – acreditando em uma mensagem, comprando o produto, falando bem da empresa, confiando nos procedimentos, tendo orgulho de ser parte dela, contando para os familiares o quanto é feliz trabalhando ali, e assim por diante.

Depois de feito o *link* com a diretoria, estabelecidos os objetivos, os públicos e os meios pelos quais serão trabalhados, é hora de colocar as ações no papel. Nesse caso, é importante destacarmos: o projeto de comunicação institucional deve estar de acordo com o projeto de desenvolvimento da própria empresa.

3.2
Diagnóstico da comunicação

Por acaso o assessor de imprensa deve se tornar um médico? Não, não é isso, mas a analogia é propícia, já que usamos o mesmo vocábulo. Você conhece um médico que analisa cada minúcia dos seus sintomas, avalia todos os detalhes, pede diversos exames para cruzar os dados e, além disso, faz várias perguntas? Esse é o médico dos sonhos de todo paciente, pois ele dá a sensação de que ao menos irá usar todo o conhecimento e todas as ferramentas disponíveis para fornecer o diagnóstico mais preciso, não é? Agora, imagine outro tipo de médico, aquele que sequer olha no rosto do paciente e já receita dois ou três remédios. Bem, é claro que há muitas maneiras de se fazer uma consulta e é bem possível que médicos mais rápidos sejam tão bons que já sabem exatamente o que o paciente tem, pelo histórico de sintomas. Ainda assim, com certeza você deve estar pensando que médicos bons de verdade confirmam todas as informações do médico para fazer um dignóstico seguro e, sobretudo, deixar o paciente tranquilo.

O assessor de imprensa pode ter os dois perfis anteriores descritos: do médico que sabe da vida da pessoa, o que ela come, se ela está seguindo o tratamento corretamente, ou o médico que “resolve” a vida do paciente em 5 minutos. Façamos como o primeiro.

O diagnóstico da comunicação e do relacionamento com a imprensa demanda muitos dados. A premissa, nesse estágio do projeto de comunicação, é ouvir muito: ouvir quem está desconfiado de mudanças e acha que está tudo bem; quem afirma que todas as iniciativas anteriores fracassaram; quem teve ideias e nunca foi ouvido com atenção; quem tem casos interessantes para contar; enfim, ouvir a opinião de todo mundo. É claro que, se a empresa tiver milhares de funcionários, isso não será fácil. Se a empresa for menor, no entanto, o assessor deve dedicar tempo para ouvir todos os colaboradores.

Nas empresas de grande porte, o profissional de assessoria pode se utilizar da tática de preparar algumas perguntas-chave e fazer reuniões rápidas com grupos menores. Na chegada do assessor à empresa, é importante que ele use seu tempo para consolidar relacionamentos. Depois que todos souberem que o assessor de imprensa é a pessoa da comunicação, o profissional pode pensar em elaborar questionários. Entretando, no início de seu trabalho, ele deve se concentrar em se fazer presente. O fato de o assessor prestar atenção ao que todos da empresa tem a dizer significa: "vocês são importantes para mim". E esse é um dos passos para ganhar a boa vontade da equipe. Em tempos em que todos têm uma opinião para dar e querem falar, alguém que escuta é uma raridade na multidão.

A seguir, apresentamos algumas informações necessárias à montagem do diagnóstico.

- **Sobre os públicos com os quais a empresa ou o assessorado se relaciona**: Quem são? Qual é o tipo de relação estabelecida entre eles? Há algum meio de comunicação já sendo utilizado? Quantas pessoas estão em cada grupo/público? Qual é o perfil, idade, gênero, nível de escolaridade etc.? Qual é o principal problema de relacionamento com esse pessoal? No geral, qual é a satisfação com as informações que estão sendo divulgadas no momento?
- **Sobre as formas de relacionamento já usadas**: Há *newsletters* para clientes? Quem faz o conteúdo para as mídias sociais? Como o processo é realizado? Como são tratadas as datas festivas? Quando há reclamação, quem as responde e como? Há jornal ou programa de rádio ou de televisão interno? Que tipo de iniciativas são realizadas em relação aos funcionários e à comunidade dos arredores?[1]
- **Como os competidores são vistos por fornecedores, comunidade e público interno**: Como está a imagem desses competidores? Quais são as ações que eles desenvolvem? Que veículos eles possuem?

• • • • •

1 Várias empresas causam grande impacto nas comunidades que as cercam por meio das atividades que promovem, tanto com a geração de emprego para muitas pessoas quanto pela poluição sonora que produz ou pelos detritos lançados no meio ambiente. Uma fábrica de papel, por exemplo, tem impacto altíssimo na vida de cidades inteiras e, por isso, precisa desenvolver relacionamento adequado com seus habitantes.

- **Sobre questões específicas para avaliar a empresa ou o assessorado no relacionamento com a imprensa**: Como o assessor anterior fazia os contatos? Qual era o tipo de trabalho? O que funcionou ou não e por quê? Quais veículos eram atingidos e qual era o *mailing*? Como eram os textos enviados para a imprensa e que tipo de notícias foram publicadas sobre a empresa? O que destacavam? Que temática abordavam? Há um *clipping* histórico? Se há, quem faz o *clipping* é profissional interno ou uma agência terceirizada?
  O assessor deve estudar os relatórios sobre o histórico de matérias que já foram veiculadas. Se for dito que não havia assessor de imprensa anteriormente, o profissional precisa buscar na internet tudo a respeito da marca, da empresa ou do assessorado, para poder medir como anda a imagem nas mídias, pelo menos. Se descobrir algum escândalo, o profissional de assessoria deve se inteirar de tudo que houver para saber sobre ele.
- **Sobre anúncios de produtos ou serviços**: Como os anúncios são feitos? Quem decide sobre sua concepção? Por que o processo é realizado dessa forma? O assessor deve avaliar se a empresa conta com parcerias com agências de publicidade e se apresentar para esses fornecedores.

Ao obter essas informações, sugerimos que o assessor elabore um diário ou um relatório com todas as respostas que conseguir. Se desejar, pode usar a análise SWOT (Forças/*Strengths*, Fraquezas/*Weaknesses*, Oportunidades/*Opportunities* e Ameaças/ *Threats*) para fazer o diagnóstico.

Se fizer bem seu dever de casa, o assessor de imprensa conseguirá transformar seu diagnóstico nesses quatro quadros e saberá como combater as fraquezas, como se prevenir contra as ameças e como tirar proveito das forças e oportunidades. Quando o profissional de assessoria tiver um relatório sobre o diagnóstico da imagem da empresa, ele deve voltar a falar com o grupo decisório da organização para informá-lo sobre suas impressões e mostrar o que precisa ser feito para cada um dos grupos de públicos (pelos quais o assessor será responsável, principalmente na relação com a imprensa). Para falar com a imprensa, uma coisa tem que estar muito certa para o assessor: ele precisa passar verdade sempre e transmitir bons atributos da organização. Entre eles, Neves (2015) aponta que é preciso que a empresa tenha bons produtos e serviços, seja bem-administrada, seja um bom lugar para se trabalhar e tenha valor agregado para a sociedade. Segundo o autor citado,

> esse é o caminho das pedras. Os *"cavalos de batalha"*. Se a empresa já dispõe de todos esses atributos, ótimo. É meio caminho andado. A questão agora é saber divulgá-los. Comunicar-se. *"Parecer ser"* como complemento do *"ser"*. Transformar esses atributos em correspondentes percepções na cabeça

> das pessoas. Se ainda não tem todos os atributos, trate de tê-los rapidamente. Se lhe faltam muitos deles, ou os possui com o sinal trocado, não quero ser ave agourenta, mas posso assegurar que brevemente a batata da sua empresa vai assar. Ela está a pé no campo de batalha. Mas, em faltando esses atributos, o melhor a fazer é ficar quietinho até as coisas melhorarem. Jamais opte pela estratégia do fingir que é ou de que tem. "*Parecer ser*" sem realmente "*ser*". "*Parecer ter*" sem realmente "*ter*". Pintar o urubu de verde e amarelo e tentar vendê-lo como papagaio. A imagem que não corresponde à essência é um grande risco. Dos maiores. É um esqueleto no armário. Dos bons. Muitas crises empresariais tiveram aí seu combustível. Na existência de um fosso entre "*parecer ser*" e, na realdade, "*ser*". (Neves, 2015, p. 16, grifo do original)

Com um pouco de sensibilidade, o assessor de imprensa perceberá que sua missão vai além de mandar *releases* para a imprensa, e aí é que reside o diferencial dos assessores mais competentes. O profissional de assessoria muitas vezes precisará incomodar o grupo de conselheiros ou a diretoria com os "problemas" da empresa. Não como um "dedo-duro", mas como alguém que quer viabilizar o seu trabalho da maneira mais adequada possível.

O profissional assessor precisará argumentar com esse grupo, explicar que há ações necessárias para o bem da própria empresa e, para poder se organizar para ações futuras, precisará saber o que será ou não acatado. É possível que o assessor se pegue defendendo alterações no plano de cargos e salários, na decoração de um ambiente, em uma estratégia de visitação da fábrica ou até no tecido dos uniformes que já foram motivo de reclamação por serem desconfortáveis e muito quentes. Como o assessor irá ouvir a colaboradores com frequência e criar um vínculo de confiança com eles, será inevitável a criação de expectativas de que finalmente algo mude, porque o profissional de assessoria está ouvindo essas pessoas (esse é um exemplo, apesar de existirem muitas empresa que contam com fluxos muito bons de escuta interna). O assessor de imprensa deve lidar com essa dinâmica como uma ponte real, comunicar-se com ambos os lados, fazer a mediação e lembrar-se, sempre, de que precisa dessas mudanças para falar a verdade.

3.3 Planejamento da comunicação

O brasileiro tem um enorme problema para planejar. Se compararmos o Brasil a países como a Suécia, a Dinamarca, ou mesmo os Estados Unidos, as diferenças culturais entre nós e esses povos são consideráveis, e uma das maiores delas, no âmbito empresarial, é a respeito de como o planejamento é visto. Tomemos como exemplo a construção civil: no Brasil, quando se quer construir uma casa, faz-se o projeto em 3 ou 4 meses e a construção dura em torno de 4 anos. É dessa forma que reformas e construções são conduzidas em nosso país. Estamos acostumados a gastar pouco tempo com o planejamento e, em razão dessa escolha, descobrimos os problemas e empecilhos no meio do caminho, na prática. Essa escolha causa gastos de dinheiro e de material que poderiam ser evitados. Nos Estados Unidos, por outro lado, a prática usual é levar, em média, aproximadamente 2 anos para planejar uma casa e 4 meses para construí-la. Há imprevistos? Sim, mas eles são minimizados com cálculos e previsões.

No entanto, há um componente da cultura brasileira que é difícil de encontrar nesses países: a flexibilidade para adaptar-se às condições adversas. Nosso "jogo de cintura" para imprevistos é imenso e muito útil, tornando-nos funcionários requisitados em qualquer lugar do mundo. Mas quem sai do país tem que fazer a lição de casa: aprender a planejar e a seguir um escopo.

Um dos grandes problemas que as pessoas têm com planejamento é a falsa crença de que, depois que há um plano pronto, não é possível apagá-lo ou corrigi-lo. Planejamento foi feito para ser alterado, sim. Ele precisa existir para dar a segurança inicial para qualquer projeto, para afinar as ações com a equipe, para que os envolvidos saibam quais são os objetivos, mas ajustes no meio do caminho são normais e necessários. Então, o assessor de imprensa precisa se despir desse preconceito para descobrir de onde veio, para onde vai e quais são as opções de caminhos.

> A realidade, entretanto, mostra que a maioria das organizações ainda não dispõe de uma estrutura mais abrangente. Desse modo, o planejamento das atividades da Assessoria de Imprensa adquire uma importância ainda maior, pois o trabalho se torna mais complexo e abrangente.
>
> Assim como é fundamental que o assessor, dentro de uma AI, esteja acostumado ao processo permanente de planejamento, esse instrumento também será útil ao jornalista que, seja por solicitação de uma instituição, seja por sua própria iniciativa, se propuser a oferecer serviços nessa área. Por exemplo, se um jornalista candidatar-se à vaga de assessor relativa a determinado evento – concorrendo, para isso, com outros colegas –, deverá procurar, como diferencial, desenvolver um plano de trabalho e apresentá-lo aos organizadores. Isso fará que fique claro o tipo de assessoria que pretende realizar, facilitando não só a seleção do profissional a ser contratado como também a posterior execução das atividades. (Ferraretto; Ferraretto, 2009, p. 38-39)

Perguntas & respostas

Como se realiza o plano ou se elabora o planejamento?

Em diversas organizações, é comum que o plano aconteça com base no calendário. A empresa estabelece orçamentos anuais e o assessor tem condições de dividir suas ações em meses, semanas e dias. A dica é sempre começar do macro para o específico.

E quais são os principais objetivos para o ano seguinte?

Imagine que, para o próximo ano, o objetivo principal da empresa na qual o assessor trabalha seja divulgar uma imagem comprometida com a utilização exclusiva de recursos renováveis na linha de produção. Em uma conversa com a diretoria e com os outros colegas da comunicação (ou com a agência contratada para realizar publicidade e promoção), ficou definido que, em abril, a empresa mudará os processos de produção de determinado creme – cujo fornecedor já está contratado e é certificado – e esse será o início para toda a cadeia produtiva se adaptar para a certificação.

O processo será divulgado pela agência de publicidade quando abordar os produtos e o profissional de assessoria ficará responsável pelo reforço à imagem em AI e relações públicas.

Nesse meio-tempo, o assessor verifica que há um famoso congresso que discute o uso de matérias-primas renováveis, e que seus participantes são pessoas formadoras de opinião como professores universitários e pesquisadores. O profissional assessor sugere à diretoria que a empresa patrocine parte do congresso. Nele, cria eventos e estandes específicos da empresa com demonstração da produção dos produtos e teste de amostras, bem como promove visitas dos jornalistas à fábrica e ao evento. Em seguida, o assessor produz, uma vez por mês, uma pauta especial sobre o conceito de uso de 100% dos materiais de origem renovável, trazendo conteúdo de ponta, com algumas declarações do seu diretor de inovações. Essas ações, que já foram aprovadas pela diretoria, devem ser divididas em ações mais específicas e distribuídas no calendário anual, de preferência, de trás para frente.

Vamos usar o exemplo da conferência sobre produtos renováveis, que é uma ação. Para essa iniciativa, especificamente, o profissional de assessoria tem de lidar com dezenas de pequenos processos a realizar, e todos eles precisam estar previstos de maneira organizada no seu planejamento, com nomes de responsáveis e uso de insumos.

Quadro 3.1 – Exemplo de planejamento

Data	Ação
10 de maio	Conferência de renováveis – primeiro dia do evento.
9 de maio	Conferir se estandes e brindes estão nos lugares, se os promotores estão a postos; confirmar presença de jornalistas dos veículos A e B para o primeiro dia.
8 de maio	Levar brindes para o estande e confirmar promotora. Enviar *release* sobre o evento para a imprensa, detalhando o que lá será realizado para o consumidor em geral (informar sobre algum *show* para promover tráfego de público/cliente final).
7 de maio	Enviar material para veículos de TV com imagens para evento. Confirmar equipe de vídeo para cobrir o evento e fazer entrevistas com os principais diretores.
20 de abril	Mandar convites especiais para jornalistas dos veículos A e B sobre o lançamento do produto Y, com material explicativo sobre processos de produção com matéria-prima 100% renovável.
20 de fevereiro	Mandar material para a imprensa sobre nova matéria-prima que será usada na fábrica.

No Quadro 3.1, você pode observar um exemplo de como um planejamento se torna um plano em uma ação específica. Você pode verificar várias ações acontecendo ao mesmo tempo, para os quais o assessor deverá estar preparado para organizar uma coletiva a qualquer momento, caso seja necessário que um dos diretores da empresa fale com a imprensa para responder a algo veiculado nos principais portais da internet e que citou o nome da empresa. O assessor deverá também ser maleável para usar oportunidades que possam surgir em prol desse planejamento.

Lembre-se: o planejamento não deve engessar ações, mas servir como organização e direcionamento. O profissional de assessoria já tem um plano, mas imagine que, no exemplo que demos, o assessor descubra, em cima da hora, que o palestrante mais importante da conferência está caminhando pela área do evento. É nesse momento que entra a improvisação para agregar mais ações de comunicação. O profissional de assessoria pode, por exemplo, pedir que um dos diretores da empresa assessorada converse com o palestrante e, então, produzir um material entrevistando ambos para enviar para programas de TVs específicos. Você percebe como o assessor de imprensa pode ser imbatível se usar do planejamento e da adaptação para imprevistos? Obviamente, além de planejar, o assessor também deve permanecer atento ao que pode se encaixar dentro do seu plano no decorrer do processo.

Lembre-se, ainda, que esse é apenas um exemplo que escolhemos para usar aqui. As tendências relacionadas à imagem podem ser outras, desde ligar o produto ao suporte de uma comunidade indígena, trabalhar com minorias, enfim, há muitas temáticas com as quais a marca pode estar alinhada. E essa escolha deve depender da identidade da empresa e da decisão dos seus líderes.

3.4
Execução do projeto de comunicação

Execução exige, acima de tudo, organização. A lista de afazeres de um assessor de imprensa tem muitos itens a serem cumpridos com frequência, para que os processos tenham continuidade. Veja:

Checklist diário

1. Executar as seguintes tarefas:
   a) Ler jornais, revistas e publicações dirigidas.
   b) Escutar rádio e assistir à televisão.
   c) Navegar em *sites* de informação geral ou da área de interesse específica do assessorado.
   d) Verificar se as notícias divulgadas no dia em questão podem gerar:
      - pauta;
      - relise;
      - artigo;
      - nota oficial;

- comunicado;
- nota para agenda;
- entrevistas em rádio e televisão;
- convocação de coletiva;
- evento especial;
- obtenção de informações para o assessorado.

e) Verificar a existência de notícias de interesse para a empresa de assessoria, as quais podem:

- levar à aquisição de subsídios para atividades futuras;
- gerar visitas para prospecção de clientes (no caso de empresas prestadoras de serviços de AI);
- merecer alguma iniciativa especial de comunicação.

2. Conferir o correio eletrônico, identificando a existência de mensagens que requeiram ações de comunicação (produção de *relises*, elaboração de notícias para internet/intranet, cobertura de pauta para jornal interno etc.).

> 3. Verificar a agenda do dia do assessorado.
> 4. Sistematizar as atividades do dia (produção e envio de *relises*[2], agendamento de entrevistas, atendimento a solicitações pendentes dos meios de comunicação, produção de material informativo para diferentes canais de comunicação internos e externos.
>
> (Ferraretto; Ferraretto, 2009, p. 42)

Ferraretto e Ferraretto (2009) ainda sugerem *checklists* semanais e mensais, que incluem a atualização do *mailing* de jornalistas (porque sempre há pessoas transitando entre as editorias); realização de reuniões com o assessorado para avaliar o andamento das atividades e planejar os detalhes das próximas; planejamento do calendário de datas festivas para o mês seguinte, entre outras iniciativas.

Ainda no que se refere à execução, é importante falarmos aqui sobre o atendimento à imprensa. Há formas e formas de se atender os colegas e há limites que os dois lados nem sempre respeitam. Aqui, abro mais um parênteses para contar um relato pessoal sobre um atendimento-modelo que presenciei.

• • • • •

2 As palavras *release* e *relise* estão igualmente corretas. Trata-se apenas de grafias diferentes de um mesmo termo.

Eu trabalhava para uma revista especializada em negócios, e uma das seções era destinada a perfis de empresários. Na época, havia uma grande rede de lojas que estava em uma expansão agressiva pelo país. Abria lojas em várias cidades – mais de 200 naquele ano –, inaugurava a venda pela internet e por totens eletrônicos (para quem não dispunha de internet em casa) em lojas menores e mais baratas por não contarem com todos os eletrodomésticos de uma loja regular. A diretora dessa rede tinha como característica a administração forte em prol do cliente, atendendo ela mesma às reclamações dos clientes em parte do dia, com um canal de atendimento exclusivo para isso. Seria muito bom ter um perfil dessa empresária na revista.

Entramos em contato com a rede, que disse que deveríamos contatar os assessores de imprensa, pois eles tinham uma empresa de assessoria que atendia a eles e a outros clientes. Falei com o assessor por telefone, expliquei qual era o nosso veículo (direcionado), que tipo de material precisávamos e disse que gostaríamos de fazer uma entrevista pessoalmente com a diretora.

É nessas horas que você avalia quem é bom profissional. A primeira pergunta feita pelo assessor foi a respeito do prazo que eu tinha para fechar a matéria. Como a revista era mensal, a dinâmica poderia ser mais planejada. Mesmo assim, em dois dias eu tinha o agendamento com a empresária para a semana seguinte (precisaria viajar para outra cidade para fazer a matéria). Nesses dois dias, também recebi um conjunto de materiais por *e-mail*, que incluíam o histórico da empresa, as lojas, os produtos ofertados, as estratégias de negócio. O assessor ainda perguntou se eu precisava de foto e eu disse que faria uma na hora, se não fosse problema.

Enfim, no dia da minha viagem, o profissional ligou confirmando tudo de novo, buscou-me no aeroporto e, no caminho, foi dando dicas de como abordar determinadas questões. Por fim, indicou-me como seria feita a entrevista, disse que não poderia me acompanhar e deixou seu telefone para qualquer emergência. Sentei em frente à secretária e vi, pela janela envidraçada, a empresária aos berros no telefone. O andar todo tinha salas abertas ou com vidro, e todo mundo se via, e ouvia, inclusive ela. A secretária, vendo minha cara de assustada, disse "é assim quando tem cliente insatisfeito, ela grita mesmo com os gerentes". Quando entrei para falar com ela, a empresária era a pessoa mais doce do planeta. Fiz a foto, anotei, gravei tudo e fui embora.

No final do dia, recebi uma ligação do assessor que havia me atendido, perguntando se havia ido tudo bem, se ela havia respondido a todas as minhas perguntas. Então, desculpou-se, mais uma vez, por não ter conseguido me acompanhar. Como ele era jornalista, sabia que era possível que eu precisasse esclarecer alguns dados quando estivesse produzindo a matéria e colocou-se à disposição.

Apesar de parecer tudo muito simples, não é. Essa foi uma matéria especial que foi publicada, e o assessor, mesmo não estando presente na hora da entrevista (o que, no fim das contas, fez pouca diferença), foi muito presente em todo o processo de coleta, redação e produção do material. E essa presença facilitou o trabalho, principalmente porque o profissional avaliou se seria adequado para a cliente dele, conhecia o veículo e agendou a entrevista, lidando com respeito com o tempo de todos os envolvidos. Resumindo, pela competência, a assessoria foi inesquecível.

Agora, imagine essa prestação de serviços para cinco ou seis jornalistas por semana. Obviamente não é fácil, mas é possível. Então, outro conselho: o assessor de imprensa deve trabalhar com o tempo e usar a primeira pergunta que o profissional do relato fez (sobre o prazo da matéria) para poder organizar as "urgências" dos jornalistas que entrarem em contato com o assessor. Se forem pedidos convergentes, o profissional de assessoria pode optar por uma coletiva.

No caso de uma estratégia ativa ou da necessidade do assessor de preparar material para estimular pautas, é recomendável o envio do *release* – sobre o qual trataremos mais à frente – e do *follow-up*. Neste ponto do texto, destacamos como é a vida em uma redação: se for de revista, o cotidiano não é tão insano assim, mas, se for de um jornal, rádio ou TV, é uma loucura. Por isso, não é conveniente que o assessor de imprensa ligue para contar para o jornalista como é o fato, qual a abordagem ideal, etc. É mais adequado que o profissional assessor mande um *release* muito bem escrito, que atraia, e ligue depois de um tempo (o prazo depende de a matéria ser quente ou fria) para saber o que ele acha daquela pauta, se é possível agendar algo com seu assessorado, enfim, pergunte para o jornalista se ele leu o *release* e se precisa de algo. Convém lembrarmos: esse *follow-up* deve ser ativo, trazer detalhes ou sugestões, porque ligações reiteradas para confirmar a publicação de uma pauta, em geral, irritam o jornalista da redação.

3.5 Avaliações de projetos

Não há nenhum esforço feito dentro de uma organização sem que haja uma medição dessa ação e um balanço para verificar se os recursos investidos foram, de fato, bem investidos, se deram retorno. Na realização de AI, a dinâmica é um pouco mais complicada, porque, em geral, os resultados do trabalho desse profissional não são absolutamente tangíveis.

Na assessoria, entre outras opções, pode-se avaliar o retorno realizado em vendas ou negócios – *Return on Investiment,* ou retorno sobre investimento (ROI) – com base nos preços publicitários (que se baseiam em tiragem, alcance e espaço dos veículos nos quais a matéria foi publicada), no tráfego na internet (por meio de cliques, comentários, *retweets*, visitas), e na criação de índices próprios que trabalhem esses resultados mais qualitativos.

O problema é que métodos numéricos de avaliação são mais difíceis de se aplicar se não houver o uso da internet como mídia na campanha, pois a AI, em geral, é uma ação que chamamos de *background*, isto é, de fundo. Ela não é uma ação agressiva como a publicitária, na qual é possível, a cada propaganda, medir os resultados em compras ou vendas. A assessoria é um trabalho quase espontâneo e que lida com a aceitação da imagem da empresa, que constrói credibilidade, mas não necessariamente faz o cliente tomar uma decisão mercadológica no mesmo momento. O consumidor terá a impressão, quando for consumir, de que aquele produto ou serviço é positivo por tudo o que já leu ou ouviu a respeito da marca da organização, e isso significa que a assessoria é uma das variáveis que pode confirmar a boa vontade que o consumidor tem de consumir os produtos do seu cliente, mas não é gatilho para negócios. Dessa maneira, como se faz para medir se a AI está funcionando? Na sequência, vamos analisar diversas estratégias para resolver esse problema.

Centimetragem/minutagem

Uma estratégia historicamente comum, mas que começa a ficar obsoleta, é a que se baseia na AI focada em veículos de comunicação de massa, ou seja, que funciona com base no espaço/tempo tomado pela pauta/matéria que teve êxito, mais ou menos assim:

- o assessor de imprensa estimula alguma pauta em veículos como jornal impresso, televisão, revista ou rádio;
- são publicadas algumas matérias sobre o assunto;
- os profissionais que fazem *clipping* recortam esses espaços ocupados (a matéria) no jornal e na revista e medem em centímetros; fazem essa medição também em televisão e rádio, com base no tempo ocupado;
- há também outras variáveis que são medidas, como a seção do jornal (se foi capa ou não) e os programas e horários nos quais a matéria foi divulgada em televisão e rádio.

De posse dessas medições, o assessor de imprensa as compara com os valores que seriam pagos se o cliente fosse publicar um anúncio publicitário nesses espaços. Com esses dados, ele tem condições de mostrar para o cliente quanto foi o valor em exposição que ele teve no veículo, ou seja, o quanto ele "ganhou" ou deixou de pagar com aquela exposição. Vamos dar um exemplo: imagine que a matéria sobre um carro silencioso que seu cliente acabou de lançar ocupou três páginas de uma revista de alcance nacional especializada em carros. O custo da compra dessas três páginas nessa edição da revista, para fins de publicidade, seria de 21 mil reais. Esse é o valor/resultado do trabalho de AI nesse caso. O que acontece geralmente é que esse cliente está pagando à assessoria para trabalhar para ele, em diversas frentes, em torno de 5 mil reais por mês. Com esses números em mãos, o assessor pode provar para o cliente que o trabalho dele, somente nessa matéria específica, pagou o trabalho de assessoria por 4 meses. Isso sem contar as outras publicações que podem ter sido feitas em outros veículos. Essa é uma forma interessante de mostrar como esse trabalho vale a pena para clientes que pensam somente nos números, em valores monetários.

Vamos a outro exemplo: imagine que uma empresa está pensando em divulgar uma forma de reutilizar a água usada em sua produção de sabonetes. Esse é o tipo de assunto para o qual dificilmente se faz um anúncio publicitário, mas é possível por meio do "informe publicitário", um texto que parece matéria jornalística, mas que na realidade é um texto informativo num espaço comprado. Imagine que essa mesma empresa que deseja relatar essa novidade para seus clientes gostaria de fazê-lo em três revistas impressas semanais nacionais, por meio de AI.

É possível provocar pautas diferentes em cada uma, para que sejam publicadas matérias exclusivas. O assessor pode, ainda, abordar o assunto sob diferentes perspectivas e propor várias fontes na empresa para realizar declarações em cada uma das matérias. Se emplacarem, com duas páginas cada uma, as três matérias podem dar um retorno muito maior que o valor gasto com o pagamento da assessoria. Resumindo: se o cliente comprasse um espaço de duas páginas em cada revista, ele gastaria, em média, 60 mil reais por anúncio/revista. Seriam gastos, então, 180 mil reais para os anúncios em três revistas. Com a AI, ele gasta em torno de, imaginemos, 10 mil reais por mês, em um contrato de *fee* mensal, que inclui vários serviços, ou seja, em um ano, 120 mil reais com assessoria.

Então, podemos afirmar, com base nesse exemplo, que, com três matérias de duas páginas emplacadas, o cliente obteve o que ele gasta com a AI em um ano e meio. Se somarmos a isso todos os outros serviços de assessoria, a vantagem é nítida. Mas é muito importante destacarmos que o anúncio publicitário tem uma função e que a assessoria tem outra, e que o uso de um ou de outro dependerá sempre da estratégia e dos objetivos do cliente.

Portanto, há assessores que avaliam o retorno do seu trabalho desta forma: comparam o quanto o cliente gastaria em publicidade no mesmo espaço conquistado pela assessoria. Essa maneira de avaliar se chama *centimetragem* ou *minutagem*. Importa, ainda, lembrarmos que há várias formas de se cobrar os trabalhos de assessoria, e que aqui a comparação foi feita com um trabalho contínuo, a princípio com um ano de planejamento. No entanto, é possível cobrar por evento ou por projeto; nesses casos, a mensuração dos resultados se dá na centimetragem ou minutagem de tudo que foi publicado com base no esforço de assessoria comparado ao valor cobrado por essa assessoria.

Também precisamos ressaltar que esses valores são exemplos fictícios e que dependem de diversas variáveis, desde o tipo de acordo da assessoria com o cliente até o leque de abrangência dos veículos com os quais se está trabalhando.

Return on Investiment **(ROI)**

Outra forma de mensurar os resultados da AI é medir as vendas em retorno mercadológico; porém, uma vez que a estratégia de assessoria é trabalhar imagem, e não produzir vendas, essa é uma ferramenta bastante complicada. De qualquer forma, é possível adaptar o ROI para algumas medições, o que não extingue os questionamentos.

Por exemplo: é possível fazer uma comparação, na AI, do lançamento de uma concessionária que investe em jantares para jornalistas e outros eventos e concessão de brindes. Nesse caso, é possível medir, por meio da venda de veículos, se o esforço de comunicação surtiu efeitos. É possível, ainda, perguntar aos clientes que visitam a concessionária como ficaram sabendo sobre a novidade e, assim, avaliar se foi outro tipo de ação ou se foram as matérias publicadas que incentivaram as pessoas a irem até a loja.

No entanto, se a assessoria for de um profissional autônomo, uma celebridade ou um atleta, por exemplo, essa mensuração é mais complexa. Não há produto a vender, há somente a imagem a ser positivada – o que pode estimular convites para projetos ou competições, mas não vendas, especificamente.

Algumas empresas misturam a centimetragem/minutagem para calcular o ROI[3]. A fórmula é a seguinte:

$$\frac{\text{Valor retorno} - \text{Investimento}}{\text{Investimento}}$$

Por exemplo: se o cliente investir R$ 3.500,00 no trabalho da assessoria e tiver a veiculação de uma matéria de 30 s em um veículo televisivo que cobra R$ 14.000,00 por esse tempo, a conta do ROI ficaria assim:

$$\frac{14.000 - 3.500}{3.500}$$

$$14.000 - 3.500 = 10.500$$

$$10.500 / 3.500 = 3$$

$$3 \times 100 = 300\% \text{ de ROI}$$

3 Valor retorno, no caso dessa fórmula, pode ser o montante vendido em produto ou o valor que seria aplicado em publicidade, caso essa fosse a opção.

É importante destacarmos que nem sempre o espaço nesse veículo é o que dá mais retorno comercial nem de imagem para o cliente. O assessor de imprensa Rafael Giuvanusi (2016)[4] dá um exemplo:

> A gente ainda bate na tecla de apresentar relatório de ROI para o cliente. Aparecer na Fátima Bernardes é ótimo para um relatório de ROI, vai te dar um retorno muito maior do que o valor investido (que é basicamente o salário do assessor). Mas ele não reflete diretamente o resultado para a imagem do cliente. De nada adianta dar entrevista em um programa com secundagem cara, mas não atingir o público da marca. Só vai ter número e não necessariamente resultado. Será que vale a pena associar uma marca de games de aventura voltado para adolescentes ao público da Palmirinha[5]? Se o objetivo é ROI, ok. Do contrário, tempo perdido.

Em outras palavras, uma exposição em um programa televisivo de grande audiência terá um valor alto se comparado com a possível publicidade ali realizada. E se o público do cliente não for o público do programa, o cálculo do ROI dará um resultado alto, mas não surtirá o resultado qualitativo que se espera desse

• • • • •

4 Entrevista cedida por *e-mail* em 16 nov. 2016.
5 Programa televisivo de receitas.

trabalho de assessoria, porque não atingirá o público adequado. Por essa razão, criar uma avaliação para os projetos de assessoria que dialoguem com o público específico é mais adequado.

Avaliação qualitativa

Avaliações qualitativas podem ser mais produtivas que as que estabelecem valores monetários comparativos com publicidade. Para isso, é importante que o assessor tenha tempo e habilidade de análise e de apresentação desses resultados.

Uma das formas de se realizar esse trabalho é apresentar os resultados de publicação, veículos, assuntos e públicos atingidos, e comparar esses dados com públicos que estavam na lista de objetivos a serem atingidos, veículos que eram o foco do trabalho e detalhes de elaboração da matéria (se o jornalista reescreveu, pesquisou, se houve uma abordagem positiva em relação à empresa), enfim, a quantidade de material publicado e o tamanho (espaço e tempo) de cada publicação, cruzados com informações de especificidade e segmentação do público almejado, podem dar a noção de sucesso. Uma ideia é apontar notas ou pesos para cada veículo, tamanho ou abordagem do assunto.

Imagine uma empresa que produz pijamas para crianças. O veículo ideal seria a TV (10 pontos), o secundário seria a internet (5 pontos), o terceiro seriam revistas segmentadas para pais (3 pontos) e outros – rádio e jornal, por exemplo (1 ponto). Determinados programas televisivos valeriam 10 (infantis ou de entrevistas para pais), outros valeriam menos e assim por diante. Com um gráfico de pontuação definido no momento da conversa inicial, apontando os principais objetivos da assessoria, é possível fazer o cliente visualizar que "nota" esse trabalho teve dentro da sua *performance* no mês. O assessor de imprensa traz, assim, uma análise mais qualitativa dos resultados, na qual os números têm o objetivo de torná-la mais objetiva para o cliente.

Quadro 3.2 – Exemplo de avaliação qualitativa – produção de pijamas

	Semana 1	Semana 2	Semana 3	Semana 4
TV/10		Inserção em programa infantil		
Rádio/1	Entrevista local			
Internet/5	Boxe em entrevista sobre educação infantil		Matéria especial sobre pijamas em jornal de grande expressão	

(continua)

(Quadro 3.2 – conclusão)

	Semana 1	Semana 2	Semana 3	Semana 4
Jornal/1	Nota sobre feira de pijamas			
Revistas/3				Fonte em matéria sobre criatividade
Valor total	7	10	5	3
Média	2,33	10	5	3

Nesse modelo, ainda é possível fazer uma avaliação de qualidade das matérias, ou seja, realizar uma classificação entre positivas, negativas e neutras. Outro exemplo apresentado por Giuvanusi (2016):

> No Hospital [quando assessorava um hospital regional], por exemplo, esse método ajudava a entender os resultados do trabalho de assessoria de imprensa de acordo com períodos do ano. No Carnaval, quando há mais acidentes de trânsito, o número de notícias negativas aumentava, devido à grande demanda de atendimento e à tensão, que é maior nessas situações. Em períodos como Dia Mundial da Saúde e Dia do Aleitamento Materno, o índice de notícias positivas era mais elevado. Com esses dados, era possível criar estratégias para trabalhar a imagem do hospital.

Assim, métodos qualitativos são possíveis quando o cliente do assessor tem uma visão mais clara do trabalho da assessoria e também entende a metodologia. Porém, essa estratégia pode não funcionar com quem resume tudo a valores monetários.

Mensuração no ambiente digital

A opção mais facilmente mensurável nos dias atuais é a das ações que acontecem na internet. Em portais, *hotsites* e redes sociais, é possível medir desde o tráfego a partir de cada postagem (qual delas provocou mais movimentação), a interação com determinado assunto (por meio da participação do público), até o perfil demográfico atingido (idade, gênero, localização e interesses), entre outros fatores. Se o cliente possui *blogs*, redes sociais ou *website*, o respectivo assessor de imprensa precisa fazer um curso tutorial rápido sobre interpretação dos dados do Google Analytics, para poder elaborar gráficos que apresentem ao seu cliente quantas pessoas (e até de que forma) foram atingidas pelas postagens. Assim, a percepção e os ajustes dos assuntos mais interessantes é mais simples, bem como saber quais abordagens agradaram mais e, dessa forma, nortear os passos futuros.

Survey (ou questionário)

Por fim, dentre as medições, uma cada vez mais usada é o próprio *survey*. Um questionário rápido, que o profissional pode elaborar por meio da ferramenta de formulários do Google e enviar por *e-mail* a uma amostra do público cliente. Vale perguntar aos participantes se viram algo sobre a marca (e, se sim, em que contexto), o que lhes vem à cabeça num primeiro momento quando pensam na marca, entre outras questões. O ideal é que sejam feitas perguntas com graduações crescentes, em torno de 5 opções. Algo como:

1. Muito legal
2. Legal
3. Indiferente
4. Ruim
5. Muito ruim

Em geral, esse *survey* inclui perguntas como "Onde você teve contato com a marca pela última vez?" e é feito depois de uma compra ou de algum contato do cliente com a empresa por *e-mail*. Algumas organizações sorteiam prêmios entre seus clientes para motivá-los a gastar 10 minutos com as respostas a essas perguntas.

Enfim, há diferentes opções para medir como funciona a AI, e essa medição dependerá do que o cliente entende como resultados (se ele prefere números ou se quer uma visão geral), de como as ações de assessoria são feitas (se majoritariamente via *on-line* ou se combinadas a outros veículos de comunicação, como impressos, rádio e TV), e de como ocorre o contato com os clientes (se é possível contatá-los por *e-mail* ou não).

Para saber mais

CARVALHO, C.; REIS, L. M. A. **Manual prático de assessoria de imprensa**. Rio de Janeiro: Elsevier, 2009.

CHINEM, R. **Assessoria de imprensa**: como fazer. São Paulo: Summus, 2003.

FERRARETTO, E. K.; FERRARETTO, L. A. **Assessoria de imprensa**: teoria e prática. 5. ed. rev. e atual. São Paulo: Summus, 2009.

MAFEI, M. **Assessoria de imprensa**: como se relacionar com a mídia. São Paulo: Contexto, 2012.

As obras indicadas contam com estilo de manuais, com dicas e casos para exemplificar ações.

Síntese

Neste capítulo, descrevemos um projeto de comunicação e apresentamos os passos para a construção desse projeto: diagnóstico da situação comunicacional da empresa, planejamento das ações, execução das iniciativas e avaliação de tudo o que foi feito.

Demonstramos que, mesmo vivendo em um ambiente extremamente dinâmico, como é o da comunicação, o assessor deve planejar seus passos e suas ações em direção ao objetivo que se quer alcançar. Em geral, esse planejamento pode ser feito de trás para a frente, utilizando o calendário – escolha que auxilia na determinação das atividades menores.

Também explicamos que um diagnóstico profundo, em que todos os escalões da empresa são ouvidos – a partir de técnicas diferentes – e no qual o passado da imagem da empresa é escrutinado, é determinante para o planejamento. Além disso, demonstramos que executar as ações escolhidas e selecionar, junto a seu cliente, uma forma de avaliá-las, encerra o ciclo para apontar decisões futuras: se as ações continuam na mesma direção ou se é preciso mudar o trajeto.

Questões para revisão

1. Pense em um planejamento de comunicação para um estabelecimento de comércio que você frequenta. Liste os passos do plano e escreva o "esqueleto" das suas ações em relação ao tempo. O que você faria primeiro? Qual seria o passo a passo?

2. Como você poderia demonstrar resultados da AI por meio de uma avaliação qualitativa para um cliente que está fazendo um evento regional de tatuagem? Que dados você buscaria e apresentaria para seu cliente? Qual o melhor formato para apresentar: texto, gráficos, depoimentos, analogias? Justifique suas respostas.

3. Na avaliação por centimetragem ou minutagem, a ideia principal é comparar os espaços ocupados pelas matérias publicadas a partir do esforço de assessoria, com o possível investimento que seria feito nos mesmos veículos de comunicação de massa e espaços, tempo e abrangência em publicidade. Em que situação essa avaliação é a mais indicada?
   a) Quando o cliente vende produtos, e não serviços.
   b) Quando o cliente precisa ser convencido com base em valores monetários.
   c) Quando a avaliação qualitativa é mais adequada.

d) Quando o cliente está mais focado em visibilidade na internet.
e) Quando o cliente prefere ele mesmo fazer os anúncios publicitários.

4. Segundo Ferraretto e Ferraretto (2009), existem tarefas que devem ser diárias do assessor, e são várias. A seguir, aponte a opção que **não** constitui uma tarefa diária de assessoria:
   a) Ler os jornais e as revistas.
   b) Assistir à TV e ouvir o rádio.
   c) Fazer reunião com o cliente.
   d) Checar a agenda do cliente.
   e) Sistematizar as atividades do dia.

5. Na construção do projeto de comunicação, durante a etapa de diagnóstico comunicacional, a análise SWOT é útil para identificar caminhos a serem percorridos e possíveis tarefas a serem organizadas. Em português, a sigla SWOT é composta pelos seguintes termos:
   a) Forças, marcas, posicionamento e perdas.
   b) Fraquezas, posicionamento, produto e ameaças.
   c) Oportunidades, forças, fraquezas e vantagens.
   d) Situação, tática, oportunidade e vantagens.
   e) Forças, fraquezas, oportunidades e ameaças.

Capítulo

04

Assessoria e cotidiano

Conteúdos do capítulo:

Após o estudo deste capítulo, você será capaz de:

1. compreender a função do *press release* e como ele deve ser construído;
2. criar e administrar uma pauta para a assessoria;
3. compreender a produção e o envio dos *releases*, entendendo que esses processos englobam o relacionamento com o cliente;
4. realizar o gerenciamento de crises e reconhecer suas nuances;
5. discorrer sobre algumas das questões éticas que envolvem a assessoria de imprensa.

Neste capítulo, demonstraremos como se faz um *press release* e analisaremos alguns dos assuntos que podem servir de pauta para a assessoria de imprensa (AI). Também abordaremos o processo de produção e envio dos *releases* e os planos para conter possíveis crises.

4.1 *Press release*

Menina dos olhos da AI, o *press release*, ou apenas *release* – ou ainda, aportuguesando, o relise – nada mais é que o suporte em que se encontram todos os argumentos para um jornalista saber se o assunto que o assessor de imprensa está apresentando é digno de investigação e de uso do tempo do profissional de jornalismo para fazer uma matéria e publicá-la no veículo em que trabalha.

De acordo com Chinem (2003, p. 68), o *press release*

> deve cumprir a função de subsidiar ou complementar o trabalho de levantamento de informações do repórter. Tem ainda a função de provocar, suscitar entre os profissionais da redação do jornal, interesse pelo assunto que se quer divulgar.
>
> De modo geral, o *press release* funciona como uma sugestão de pauta, o ponto de partida do trabalho do repórter, a quem cabe dar sequência às demais etapas da reportagem, que são entrevista, consulta, checagem de informação e redação do texto final da matéria. Entre a redação de uma reportagem e a forma com que ela chega ao público há um trabalho intenso.

Em um mundo ideal (é importante descrever como as coisas devem ser e como elas são na realidade), o procedimento de AI, dependendo de variáveis, como tipo de assessorado, assunto, relacionamento com os jornalistas, entre outras, seguiria um roteiro que se desenrolaria aproximadamente da maneira como descreveremos.

- O assessor de imprensa percebe, com base na noção de valor-notícia ou nos critérios de noticiabilidade que ele tem, que há um assunto muito interessante dentro da organização e que esse assunto seria de interesse público, podendo agregar informação para as pessoas.
- Coleta material, entrevista as pessoas de dentro da organização – o gerente de produção que criou uma forma diferente de fazer os funcionários descansarem, por exemplo – edita as declarações e faz algumas fotos.
- Organiza essas informações em um texto com formato jornalístico – que pode ser em pirâmide invertida – de não mais que uma lauda e meia, inclui as declarações que coletou – como a do gerente do exemplo – revisa e edita.
- Separa em torno de três fotos, as melhores e com maior qualidade, e as anexa no corpo de um *e-mail*, porque isso economiza tempo do jornalista, já que diminui a quantidade de cliques necessários para realizar a leitura. O título da matéria é inserido no assunto do *e-mail* e, no final, deve constar o contato do assessor, para que o jornalista saiba a quem procurar.

- Envia esse "combo" para os veículos escolhidos, de preferência para editorias e para jornalistas específicos que o assessor entenda que vão se interessar pelo assunto.
- Entra em contato com o jornalista no mesmo dia ou no dia seguinte para, rapidamente, dizer que enviou uma ótima sugestão e que, na mesma semana, poderia deixar o gerente disponível para entrevistas.
- Se o jornalista se interessar pelo assunto, ele entra em contato com o assessor, marcando uma entrevista e pedindo mais material – o assessor, então, faz o que o jornalista solicitou.
- O jornalista realiza a entrevista, usa informações do *release*, pesquisa mais, entrevista outras pessoas (no exemplo que demos, poderia ser um psicólogo que diga o quanto é bom as pessoas descansarem no meio do trabalho) e elabora a matéria. Ele usa uma das fotos e a publica juntamente com o texto.

Com base na relação que apresentamos, você pode ter chegado à seguinte conclusão: na maioria dos casos, não é assim que acontece. A realidade é mais ou menos da forma como descreveremos a seguir.

- O assessor de imprensa elabora um *release* bem construído, com estrutura jornalística e com declarações de entrevistados.
- Manda o *release* com fotos em alta qualidade para vários veículos (nem sempre selecionados).
- O jornalista recebe o *release*, lê, verifica sua elaboração adequada bem com a qualidade das fotos, e publica tudo exatamente como foi enviado, porque não tem tempo de aprofundar a matéria.

Analisando expectativas *versus* realidade do envio de *releases*, o que você conclui? Obviamente, esse texto tem de estar bem escrito, editado e revisado. Você já deve ter visto os jornais publicarem textos idênticos[1]. É certo que são de alguma assessoria que enviou para ambos os veículos; mas, sinceramente, em tempos de internet, já não se sabe se é possível chamar isso de gafe, pois há muitos textos que são, de fato, copiados de outros.

No entanto, para o assessor de imprensa, que está do outro lado, quando o *release* é publicado da maneira como ele envia, é uma vitória. Primeiro porque o texto que tem qualidade não precisa ser editado, isto é, o veículo pode assumir a responsabilidade pelo seu texto do jeito que ele escreveu. Segundo porque

1 O jargão usado para essa prática é *calhau*.

ninguém alterará informações ou distorcerá o que foi colocado no texto. Por isso o *release* é tão importante e precisa ser de tão alta qualidade; e é também por esses motivos que tudo o que consta nele precisa ser muito bem escrito e refletir a mais exata verdade a partir do fato percebido e das informações do seu cliente.

Perguntas & respostas

Como fazer um *release* que capte a atenção do jornalista da redação?

O assessor deve primeiramente colocar-se no lugar do jornalista. Valores-notícia e critérios de noticiabilidade são conceitos que todo jornalista carrega, e quem já trabalhou em redação costuma ter esses conceitos à flor da pele. Assim, o profissional de assessoria precisa pensar como um jornalista: se iria se interessar por uma sugestão de pauta como a que está produzindo ou não; se, dentro das datas e em relação às outras notícias que estão saindo, essa que o assessor está redigindo seria adequada; se ela complementa um cenário social, enfim, se combina, se ficaria bem em alguma edição do veículo em questão. O profissional assessor deve partir para a redação com esse foco, não protelar e ser objetivo, porque sabe como é o tempo do jornalista de redação.

Carvalho e Reis (2009, p. 3) dão dicas que o assessor de imprensa deve seguir:

> Um título deve ser objetivo e chamativo. Pode ser difícil conjugar esses dois verbos logo ao começar. Uma técnica que pode ajudar é primeiro escrever o *lead* e extrair o título dele. Lembre-se sempre de que colocar o nome do seu cliente no título (empresa, produto ou nomes de executivos que geram uma ligação imediata com a instituição) pode desestimular a leitura. Pense em alternativas. Exceções podem existir quando a empresa bateu um recorde de produção, superou um concorrente internacional, teve um destaque muito especial no meio corporativo ou seus produtos e diretores também se destacaram.

Após conseguir um título interessante (ou antes) para a pauta, é o momento de realizar um ótimo ***lead***. Ele deve ter em torno de 5 frases ou linhas que exponham praticamente toda a dimensão do que o jornalista pode fazer com aquele assunto; tem que ser claro, muito focado e certeiro, já que jornalistas recebem em torno de 100 *releases* por dia (Ducan; Portilho, citados por Carvalho; Reis, 2009).

Essas razões sobre as quais discutimos até aqui são apenas amostras dos motivos pelos quais a verdadeira competência de um assessor de imprensa está relacionada à capacidade de elaboração de um *release*.

Após a elaboração do *lead*, a continuação do texto pode seguir a pirâmide invertida, o que não é obrigatório, se o profissional de assessoria souber utilizar bem os outros estilos. O assessor deve procurar não passar de uma lauda (a não ser em casos extremos, em que precise dar mais detalhes ou explicar melhor uma situação) e anexar *links* com outras informações complementares, pois isso faz com que o profissional seja certeiro no envio do material e, se o colega jornalista quiser investigar melhor o assunto, os mapas para que ele faça isso já estarão desenhados.

O assessor de imprensa deve se lembrar, ainda, de que as fontes que aparecem como personalidades no seu texto jornalístico precisam estar disponíveis para entrevistas. Por isso, é inútil inserir uma declaração de um diretor tímido, que não atenderá à imprensa, caso o procurem. Por mais que ele tenha a informação e seja o mais adequado para o *release*, ele precisa mostrar-se à imprensa porque, do contrário, haverá grande risco de a veracidade do material ser questionada.

Um bom *press release* deve apresentar os seguintes itens:

- Ser redigido como se fosse uma matéria jornalística com o parágrafo inicial contendo as perguntas básicas (formando o famoso *lead*), título, subtítulo ou linha fina.

- Primar pela clareza, concisão e correção gramatical (erros de língua portuguesa são inconcebíveis).
- Ser redigido com palavras simples, frases e parágrafos curtos.
- Conter no máximo duas páginas.
- Trazer com destaque datas e locais dos eventos divulgados.
- Ter os nomes de empresas, porta-vozes e locais escritos corretamente.
- Destacar contatos da assessoria de imprensa.
- Trazer o logotipo da assessoria e da organização.
- Ser datado. (Mafei, 2012, p. 70)

Como em muitas outras áreas, também na elaboração de *releases* a prática levará ao aperfeiçoamento; portanto, o assessor precisa escrever muitos deles, ainda que como treino. Para começar, o assessor pode elaborar um texto colocando-se no lugar do jornalista, tratando de algum tema que chamaria a sua atenção se estivesse trabalhando em uma redação.

4.2 Pauta para assessoria

Há dois cenários muito comuns com os quais o assessor pode se deparar quando começa a fazer a assessoria para um cliente. No primeiro deles, o cliente está tão acostumado com tudo que acontece na instituição que não vê notícia em lugar algum, porque, para ele, nada relacionado à rotina da organização passa nos critérios de noticiabilidade: não é novo, não é diferente, não é fora do comum.

Por essa razão, a AI precisa se envolver pessoalmente com os negócios do cliente ou treinar os funcionários e as equipes para contar o que têm feito, inventado ou criado para que, assim, o assessor descubra se esses acontecimentos se tornariam pautas interessantes para a imprensa. Fazer uma lista de possíveis fatos noticiáveis pode ser uma solução mais tangível; porém, mais que isso, o profissional de assessoria precisa mostrar que quase tudo pode ser notícia, dependendo do veículo que se quer abordar.

Nas organizações, é comum que as pessoas estejam acostumadas a consumir determinado veículo: um noticiário na TV ou a leitura das notícias de algum portal específico. Essas pessoas não enxergarão o seu trabalho na organização sendo veiculado ali por várias razões, sobretudo porque sua matéria não entra no escopo de linha editorial daquele veículo. Então, é importante que o assessor sensibilize seu assessorado para todos os veículos com os quais pretende trabalhar e mostrar produções e outras notícias que são publicadas nesses suportes, de modo a fazer o cliente pensar com a mentalidade de um jornalista quando se deparar com fatos noticiáveis.

No segundo cenário, o outro lado da moeda também se mostra frequentemente: o assessorado pensa que tudo que ele faz é notícia e quer ver cada movimento seu ou da sua empresa publicado no jornal que ele sempre lê. Nesse caso, uma aula sobre critérios de noticiabilidade pode ser útil; além disso, cabe ao assessor apresentar ao cliente os veículos que serão trabalhados, explicar porque foram escolhidos, qual o público pretendido e o que é entendido como notícia para esse nicho específico.

Resumindo: tudo pode ser notícia, dependendo de cada situação, do momento (data comemorativa ou temporada, estação) e da linha editorial do veículo, já que, nos dias atuais, há meios de comunicação especializados em qualquer assunto (pense na mídia segmentada, como revistas e internet). Veja, na sequência, um exemplo fictício de uma situação extrema.

Imagine que o cliente de um assessor de imprensa é um empresário mediano e que seu perfil diz respeito ao segundo cenário que descrevemos anteriormente, ou seja, de alguém que precisa ter sua imagem veiculada em diversos lugares e seu ego massageado por pessoas que acompanham sua trajetória. Por mais que o assessor explique para ele que a autopromoção nem sempre é uma boa escolha, que isso nem sempre é notícia, há diversas possibilidades de isso acontecer e, dependendo da abordagem, é possível transformar essa "busca de autopromoção" em notícias que possam ser interessantes.

Suponha que o assessorado fará uma festa de aniversário para a filha, que completa 10 anos, e contratará artistas de circo, malabaristas, para animar a festa. É claro que essa é uma matéria para colunas sociais ou revistas de fofoca; no entanto, se o profissional de assessoria trabalhar o fato com uma abordagem sobre o mercado das festas infantis – demonstrando o quanto ele movimenta a economia ou quais são as ideias que várias empresas tiveram para driblar a crise, por exemplo – e colocar o cliente como um personagem da matéria, é bem possível que o profissional assessor consiga a atenção de jornalistas da área da economia, em um veículo de mesma linha.

É importante nesse caso, enfatizarmos que o assessor de imprensa é um jornalista como outro qualquer e, para fazer essa matéria, mesmo que a motivação seja agradar seu cliente, ele deve buscar dados reais e apurar esses dados, entrevistar pessoas, pesquisar e elaborar uma redação jornalística impecável. Além disso, ajudará o jornalista da redação com um trabalho profissional. A AI é, antes de tudo, relacionamento. Então, esteja pronto para encontrar situações assim, porque elas ocorrem frequentemente.

Enfim, dividimos os assessorados em dois grupos e tratamos da necessidade de sensibilizá-los para fatos realmente noticiáveis sobre seu empreendimento. A partir deste ponto, trataremos sobre a necessidade de afinar a percepção do cliente sobre quais notícias podem ser transformadas em pautas. A seguir, apresentamos uma lista para provocar outras ideias, dividida por linha editorial ou assunto:

- **Área de negócios e finanças**: Variação das ações da bolsa; importação e exportação de insumos e produtos e taxas relativas a essas atividades; inovações em sistemas internos e seus resultados; novas ou criativas formas de gerenciamento; resolução de um problema comum com uma atitude incomum, criativa ou alternativa; horário alternativo de trabalho, *home-office* ou móvel; vida executiva; como se preparar para viagens de negócios internacionais; como preparar a mala; funções diferentes em cada tipo de negócio; perfis dos novos empresários ou a interação entre empresários idosos e novos; abertura para pessoas com necessidades especiais ou aprendizes; relações com a comunidade; projeto de voluntariado; inovações em planos de cargos e salários; inovações em resolução de problemas em equipe; formatos diferentes de reunião; implantação de sistemas, decoração ou *layout* diferente na sede; formas de comunicação entre filiais e sedes; formas de aumentar a produtividade ou diminuir tempo de trabalho mantendo o salário; sistemas de segurança; treinamentos diversos; prevenção de acidentes, entre outros.

- **Variedades, comportamento**: Funcionários que praticam esportes radicais ou mantêm rotinas saudáveis; formas de alimentação – se a empresa tem um refeitório, é possível falar sobre a preparação da comida; uso de música no ambiente de trabalho e fora dele; como fazer as confraternizações de final de ano ou comemorar os aniversários do pessoal; ergonomia no ambiente de trabalho e fora dele; eventos; copatrocínios; organização do tempo; uso de *softwares* para auxiliar tarefas rotineiras, entre outros.
- **Veículos de massa e segmentados (dependendo do tipo de produto ou serviço do cliente)**: Prêmios e conquistas; criação de cura para determinado problema de saúde; lançamento de produto; histórias referentes a produtos e serviços em geral; viagens de executivos ou de empregados para conferências importantes; organização de eventos ou presença em eventos e feiras; notícias ligadas a cultura – se a empresa tem um coral, um grupo de dança ou música, por exemplo –, entre outros.

Essas são apenas algumas sugestões, pois as possibilidades são infinitas quando se trata de trabalhar notícias para o assessorado. Essas possibilidades estarão envoltas no objetivo que ambos, assessor e assessorado, definirem para trabalhar a imagem do cliente, nos veículos e públicos a serem atingidos e nas abordagens a serem adotadas. Enfim, há muito espaço para todo tipo de estratégia e, por isso, a forma mais adequada de saber o que é possível é analisar caso a caso. Muitas vezes, é tanto o erro quanto o acerto que permitirão verificar o que funciona ou não, mas manter "radares" ligados para o que está sendo publicado e estabelecer contato próximo com todos os escalões da organização pode dar muitas ideias para diversas estratégias.

4.3 Produção e envio de *release*

Releases bem feitos, em geral, acabam sendo aproveitados e dão espaço para a construção de uma matéria ou de várias delas. Conforme já mencionamos, pensando que o texto pode ser publicado na íntegra, é importante que o assessor de imprensa encaminhe os materiais de suporte junto a ele.

Então, se o assunto é adequado para um programa de TV, é apropriado disponibilizar um *link* com imagens produzidas pelo assessor ou por uma produtora que podem ser enviadas com alta qualidade para a redação, caso queira para cobrir um *off*. Para as emissoras de rádio (ou para veículos específicos que necessitam de áudio), o profissional de assessoria precisa disponibilizar sonoras com as entrevistas brutas.

No entanto, é importante que o assessor de imprensa tenha em mente que não é só o material que deve ser específico para cada veículo, mas a abordagem também. Como já mencionamos aqui, relacionamento é tudo nessa área, mas produzir um *release* tão bom que o profissional de assessoria ache que deve mandá-lo para todos os seus contatos não é uma boa ideia. É o que mostra Chinem (2003, p. 65-66):

> Editores de suplementos especializados de jornais reclamam que 70% do material que chega a seus departamentos não tem absolutamente nada a ver com eles. É comum os assessores não se preocuparem com algumas regras básicas, indispensáveis para despertar o interesse pela informação. Primeiro, é preciso ler a publicação e verificar qual a editoria adequada para o envio do material.

O envio de *release* para todos os contatos do assessor, mesmo que seja motivado pela possibilidade de eles se interessarem, faz com que muitos profissionais percam tempo e contribui para que o trabalho do assessor fique com uma imagem muito ruim perante os colegas das redações. É uma forma de o profissional "queimar" não só o seu trabalho, mas também a marca do seu cliente.

O relacionamento entre assessores e jornalistas precisa ser fundamentado no respeito para manter o nível de credibilidade. Estamos falando de produção de informação, mas também de imagens de clientes e de veículos, que, ainda que cometam erros, não podem se expor a equívocos o tempo todo. Por essa razão, depois de produzir o *release* e todo o material de suporte, o assessor de imprensa precisa se certificar de que está mandando algo exclusivo quando promete exclusividade; ele não pode se comprometer com a exclusividade se não puder cumprir, mesmo que esse pedido muitas vezes pareça certa arrogância dos veículos e redações; além disso, o profissional não pode realizar *follow-up* quebrando as regras da civilidade e do mínimo respeito aos horários, ainda que jornalistas, em geral, façam isso.

Ainda nesse processo de produção e envio de materiais, outro fator que pode fazer a diferença nos relacionamentos é a disponibilidade. Durante um bom tempo, assessores e jornalistas tiveram problemas porque os últimos acusavam os primeiros de serem os "muros de contenção" dos entrevistados.

Hoje em dia, bons assessores são grandes parceiros de jornalistas de redação porque ajudam a produzir notícias de qualidade, fazendo, no seu lado da ponta, algo muito similar a o que o jornalista precisa fazer. É como se o profissional de assessoria começasse o trabalho do jornalista, como demonstra Mafei (2012, p. 80):

> Quando um bom assessor parte finalmente para fazer contato com o jornalista na redação, certamente já passou por uma bateria de entrevistas com fontes do assessorado. Dali surgem todos os dados que dão o devido embasamento para sua

sugestão de pauta. É com eles que se consegue argumentar a veracidade do assunto apresentado à imprensa.

O trabalho realizado pelos assessores às vezes tem tanto valor de reportagem quanto aquele feito pelos jornalistas que assinam as matérias. Estes, no entanto, são os que aparecem à frente do palco, ou seja, nas páginas impressas ou eletrônicas dos veículos, nos microfones do rádio ou na telinha da tv.

Mas atenção: isso só ocorre com os assessores experientes que têm aquilo que chamamos de "sacação" (têm perspicácia e "faro" para o que é importante para a mídia) e sabem, com clareza, o que é uma notícia. Muitas vezes, as informações já chegam tão bem apuradas, tão bem organizadas e convincentes, que o repórter gasta o mínimo de tempo para confirmá-las e dar redação própria ao fato.

A busca por possíveis fatos noticiáveis na organização, a produção de um relato jornalístico bem escrito, que chame a atenção e que realmente seja de interesse público – isto é, encaixe-se nos critérios de notícia do veículo contatado –, o respeito aos prazos e ao trabalho dos colegas jornalistas e a disponibilidade para ajudar, construir e dar sugestões na matéria é o roteiro de sucesso de uma AI competente.

É importante lembrarmos que tudo começa a partir de relacionamentos bem consolidados. E relacionamentos, todos sabemos, não se criam de um dia para outro. Eles precisam ser construídos com base em verdade, em proposição, em ajuda para fazer a coisa acontecer.

Realizar visitas para se apresentar – sempre agendadas e rápidas – e enviar uma breve apresentação do assessor e da empresa pode ser um bom começo de relacionamento. Os *follow-ups* depois do envio de cada *release* também devem ser educados. Não é adequado insistir, tentar vencer o jornalista pelo cansaço, porque isso só provoca a revolta dos colegas; também não é apropriado o envio de presentes, esperando que se possa comprar o jornalista. Na primeira vez que o assessor de imprensa emplacar a matéria, o jornalista perceberá que o profissional pode ser um parceiro, sendo prestativo e proativo. Depois dessa constatação, é só manter o mesmo nível de relacionamento.

4.4 Gestão de crises

Ninguém e nenhuma organização está imune a crises de imagem, seja por equívoco próprio, seja por acidente ou má-fé de concorrentes que espalham boatos. Uma crise também não é algo que se possa antecipar – por isso são chamadas de *crises*. Nem o assessorado, nem o público esperam ver notícias negativas dessa forma, mas o assessor de imprensa precisa estar preparado para isso.

Mafei (2012) explica que é muito improvável que um assessorado nunca tenha uma crise de imagem. Por isso, o assessor que se preze estará preparado, pelo menos tendo um protocolo a seguir. É como um terremoto, uma enchente ou um incêndio: ninguém deseja que aconteça, mas empresas responsáveis e precavidas têm uma equipe treinada, pronta para evitar ou minimizar os problemas advindos de situações como essas. Então, seguindo essa analogia, podemos pensar no que é esperado de um assessor: no mínimo, que ele funcione como o líder da "brigada de incêndio de imagens".

Ainda usando a mesma analogia, num incêndio, precisamos saber quais são os problemas que vamos enfrentar. Mafei (2012, p. 110) ajuda a dar exemplos do que pode ser considerado uma crise de imagem:

> Podemos rápida e objetivamente pensar em algumas situações que, de cara, identificamos como críticas para organizações e pessoas:
>
> - Acidentes com danos às pessoas, como vazamento de petróleo, queda de avião, incêndios em grandes proporções, entre outros.
> - Empresas e pessoas em meio a escândalos de corrupção, com o envolvimento de órgãos públicos.

- Empresas e pessoas em meio a escândalos financeiros ou brigas familiares.
- Operações de fusão e aquisição de empresas que levem à concentração de mercado.
- Empresas e pessoas alvos de CPIs (comissões parlamentares de inquérito) e outras investigações públicas.
- Crise de qualidade em empresas prestadoras de serviços públicos, produtos adulterados, falsificados ou com problemas de qualidade.
- Personalidades vítimas de acusações de cunho pessoal (assédio sexual, suborno entre outras).
- Empresas cujo produto principal é questionado publicamente por órgãos reguladores e de defesa da saúde (amianto, bebidas alcoólicas, cigarro e alimentos com alta taxa de gordura).
- Empresas sob forte ataque difamatório da concorrência.

Um bom resumo dessas situações é fornecido pelo Institute for Crisis Management (instituto para gerenciamento de crises) que categorizou os tipos de crises conforme as causas. São eles: "atos de deus" (acidentes naturais que trazem problemas a serem gerenciados por empresas ou governos), problemas mecânicos, erros humanos e decisões ou indecisões administrativas (que causam problemas maiores).

Resumindo, uma infinidade de desgraças pode acontecer e afetar a imagem do assessorado. O assessor precisa estar preparado para agir, então a criação de um protocolo de ações pode ser o mais adequado a se fazer. Assim como no combate a um incêndio há passos a serem seguidos, assim também ocorre na contenção e solução de crises de imagem. Tomando as atitudes corretas, profissional de assessoria pode conseguir sair da crise somente com alguns arranhões.

O assessor de imprensa precisa saber que estará no meio de duas reações muito adversas em determinadas crises e precisa manter a calma. É possível que o assessorado "se descabele" e entre em pânico com as notícias negativas e queira sair respondendo a tudo ou fugir da imprensa. Por outro lado, colegas jornalistas podem investigar e encontrar alguma denúncia ou furo de notícia contra seu cliente. Antes de tomar partido ou ficar "chateado" com os colegas, o assessor precisa ter em mente que eles estão fazendo o trabalho que lhes foi incumbido. E o do profissional assessor é, nesse momento, ser profissional e manter a calma.

Depois de **controlar qualquer tipo de emoção do assessorado**, às vezes até impedindo-o de entrar em contato com funcionários – que podem gravar conversas ou filmá-las e colocá-las na internet –, é hora de pensar na estratégia de contenção.

Primeiramente, o assessor de imprensa deve ter a consciência de que não há milagre a ser feito se o seu assessorado não tem relacionamento anterior com a imprensa. Imagine que o profissional de assessoria acabou de iniciar seu trabalho com um cliente e que não teve muito tempo para formar relações. Nesse caso, o assessor deve avisar o assessorado de que pouco pode ser feito, mas que todas as iniciativas possíveis serão tomadas. A conta é fácil de fechar: jornalistas são seres humanos. Quando temos afinidade com uma pessoa, é difícil criticá-la de maneira agressiva. Podemos falar a verdade, mas a maneira de falar é sempre mais branda, muitas vezes dando espaço para defesa. Se se tratar de um desconhecido, julgar de maneira mais rígida é muito mais fácil. Na imprensa, esse tipo de julgamento sempre vende.

Como primeiro passo, o assessor precisa **avaliar se é necessário dar resposta imediata**. A regra geral é sempre se posicionar, mas se a notícia diz respeito a investigações que estão sendo encaminhadas, convocação para depoimentos ou questões jurídicas que estão em andamento, a resposta à imprensa deve sempre ser baseada nas informações que já foram entregues, isso é, o assessor de imprensa deve aguardar a formalidade da convocação para ter a noção exata do que se está pedindo e, depois disso, posicionar-se. Isso pode ser feito por meio de uma coletiva, que demonstra boa vontade em responder perguntas, uma atitude proativa para deixar tudo claro.

Se a crise envolver algo tangível, como um desastre químico, um acidente, enfim, algo que é escancaradamente real, **o assessorado precisa se posicionar**. E precisa fazê-lo por meio de atitudes adequadas, não só falando. Então, dependendo das atitudes que ele tomar, devem ser feitos os relatos. O ideal para a imagem do assessorado é que ele assuma o erro, garanta que formará uma equipe para investigar e corrigir procedimentos para que o problema não ocorra mais. Em geral, posicionamentos responsáveis, que assumem e cumprem o que se fala, ajudam a reforçar a imagem positiva da empresa, afinal, o público sabe que ninguém é isento de erro, mas a diferença entre uma organização responsável e outra irresponsável está na maneira como se lida com o erro.

> Se os fatos estão diante de todos e é impossível fugir, então o que os envolvidos têm a fazer é prestar esclarecimentos de interesse público e administrar o problema da maneira mais correta. A gestão bem-feita da crise é o principal remédio para reverter uma imagem. E isso significa dar atendimento de excelência a vítimas e parentes destas, se necessário, empenhar todos os esforços para minimizar estragos ambientais ou materiais, adotar a transparência como norma nos comunicados, entre outras iniciativas que ajudam a reforçar na mídia o outro lado da questão. A assessoria de imprensa deve buscar pelo menos alcançar o equilíbrio entre as versões da mídia para os fatos. E isso só será possível se a equipe de comunicação participar efetivamente do círculo de tomada de decisões sobre como agir diante da crise. Em vez de ser acionada

> apenas para repassar aos jornalistas o que a organização ou a personalidade resolveu fazer, o assessor deve interferir na escolha do que efetivamente deve ser feito nessas horas. (Mafei, 2012, p. 112)

Há diversos casos de imagens que "foram para o buraco" porque líderes não se posicionaram, mentiram ou, ainda, posicionaram-se de maneira errada[2]. Um exemplo foi a empresa Samarco, no acidente em Mariana, em novembro de 2015, quando uma barragem estourou e inundou duas cidades inteiras, matando pessoas, destruindo plantações, contaminando o rio Doce e o mar. A localidade foi fechada para a imprensa logo após o ocorrido, o que estimulou perguntas sobre o que se estava tentando esconder; não houve ampla resposta aos meios de comunicação, nem atividades suficientemente rápidas de suporte à população, que ficou sem água potável em dezenas de cidades.

Para agravar a situação, a criação de uma página no Facebook© chamada *Somos todos Samarco*, aparentemente feita por funcionários e comunidade da mineradora, causou uma impressão muito ruim. Em meio a um acidente que destruiu duas cidades, alguém achou importante montar uma página de apoio à empresa supostamente provocadora do acidente. A resposta

2 A publicação de Regina Villela, *Que tem medo da imprensa? Como e quando falar com jornalistas* (Campus, 1998) apresenta alguns casos de imagem que foram bem administrados e outros que foram puro desastre.

dos usuários na internet foi agressiva, e a falta de identidade clara dos donos da página, que defenderam a volta das atividades da mineradora sem que se consertassem os estragos, criou uma desconfiança de que se tratava de uma iniciativa da comunicação da empresa. Em uma resposta dada a um usuário, um administrador da página afirmou que o objetivo daquele espaço era proporcionar discussão a respeito do acontecido e intermediar as relações entre a empresa, a sociedade e os atingidos, pois essa seria a única forma de encontrar alguma solução.

Os recados confusos, nos quais a empresa não se posiciona com clareza, a atitude e a coerência entre o fazer e o falar podem destruir a imagem de qualquer corporação, e pode levar anos para que ela seja recuperada.

Corrado (1994) aponta que a presteza na entrega de informações verdadeiras faz toda a diferença para não deixar espaço para os ruídos ou para versões imaginativas. A fala oficial sempre é o melhor antídoto para a fofoca, seja em que nível for. Com a fala oficial correta e objetiva, esvaziam-se os espaços de falta de resposta, que fazem jornalistas buscarem versões em outras fontes. Então, **o assessor de imprensa deve ser a fonte**.

Corrado (1994) ainda aponta que as empresas pensam invariavelmente em um plano de ação para crises de imagem quando uma delas acontece. **O ideal é ter o protocolo de ação antes que uma delas aconteça**.

Mas como se preparar para algo que não desejamos que aconteça? Veja, a seguir, um exemplo de ação. Lembramos que as táticas adequadas dependem muito do tipo de crise e do relacionamento anterior com a imprensa:

> Uma pergunta frequente é: quem deve ser o porta-voz? Deve ser o executivo superior, alguém das comunicações ou um funcionário local responsável? A resposta é: "todos eles dependendo do tipo de crise". Para um acidente, o principal porta-voz deve ser a pessoa das comunicações, com a ajuda de especialistas técnicos, se necessário. Para crises de maior intensidade, tais como as relacionadas com questões de saúde e segurança públicas, ou importantes problemas financeiros ou crises nas quais os mercados financeiros ou altos funcionários do governo estejam envolvidos, talvez seja necessário o CEO ser o porta-voz.
>
> Entretanto, o método de uma só plataforma significa que todas as respostas são coordenadas. Isso tem importância especial nas situações em que várias pessoas da empresa são encarregadas de se comunicar com vários grupos, tais como clientes, empregados, acionistas e um grande grupo de mídia. Nessas situações é importante que todos rezem pela mesma cartilha – a mesma declaração, a mesma folha prévia de possíveis perguntas e respostas. (Corrado, 1994, p. 183)

Em preparações para crises, o assessor deve realizar as seguintes atividades:

- Fazer o exercício de "advogado do diabo". Ele serve como as simulações da brigada de incêndio. O profissional deve reunir a equipe e pensar em tudo que poderia dar errado, de preferência com os executivos do alto escalão.
- Conversar frequentemente com a diretoria sobre o assunto e deixá-los preparados, já discutindo possíveis e aceitáveis ações. Assim, o assessor poderá dirimir muito da incerteza da equipe sobre como agir no momento de crise.
- Criar um protocolo de ação para o caso de crise e distribuí-lo entre os membros da equipe que está treinada para falar com a imprensa.
- Reforçar sempre o tipo de relacionamento que se deve ter com a imprensa: cordial, receptivo, calmo.
- Manter a calma e controlar as emoções da equipe.
- Definir, junto com a diretoria e os advogados, as ações práticas a serem tomadas (indenização, limpeza do ambiente, entre outras).
- Comunicar da melhor forma: coletiva de imprensa ou distribuição de comunicado aos veículos.

4.5 Ética em assessoria de imprensa

O tema *ética*, quando se trata de AI, é sempre um assunto delicado e repleto de minúcias. A discussão começa naquela celeuma entre jornalista e assessor de imprensa, da qual já tratamos aqui, sobre um ser o justiceiro que investiga "os podres" da sociedade e o outro ser tratado como aquele que tenta encobrir as negociatas. Há quem diga que o assessor não é ético com o fazer jornalístico, o qual prevê a visão de no mínimo dois lados da história, um relato balanceado sobre o fato, várias fontes, entre outros requisitos. Discutiremos sobre o código de ética da profissão, mas antes, importa esclarecermos que há diversas éticas e que elas não se traduzem somente por um código profissional. Abramo (1997) aponta uma reflexão sempre pertinente:

> Sou jornalista, mas gosto mesmo é de marcenaria. Gosto de fazer móveis, cadeiras, e minha ética como marceneiro é igual à minha ética como jornalista – não tenho duas. Não existe uma ética específica do jornalista: sua ética é a mesma do cidadão. Suponho que não se vai esperar que, pelo fato de ser jornalista, o sujeito possa bater carteira e não ir para a cadeia.
>
> Onde entra a ética? O que o jornalista não deve fazer que o cidadão comum não deva fazer? O cidadão não pode trair a palavra dada, não pode abusar da confiança do outro, não

> pode mentir. No jornalismo, o limite entre o profissional como cidadão e como trabalhador é o mesmo que existe em qualquer outra profissão. [...] O jornalista não tem ética própria. Isso é um mito. A ética do jornalista é a ética do cidadão. O que é ruim para o cidadão é ruim para o jornalista. (Abramo, 1997, p. 109)

Portanto, *ética*, do ponto de vista do autor, é o comportamento de fazer o certo, o justo, o verdadeiro, não importando a atividade. O assessor de imprensa é julgado, muitas vezes como antiético, por estar defendendo a imagem de uma empresa ou pessoa, ou seja, do assessorado. Contudo, se analisarmos criticamente, o posicionamento do assessor de imprensa não poderia ser mais transparente. Ele deixa claro a que veio, que está a serviço de uma marca, de uma imagem e que irá trabalhar de maneira correta com esse objetivo. Dessa maneira, não se pode esperar que ele prepare um texto ou sugestão de pauta estimulando um escândalo com a imagem do seu assessorado. Mas esse posicionamento é honesto, desde que, dentro de sua função, ele fale a verdade e se posicione de maneira correta no seu trabalho.

Como contraponto, o jornalismo na redação, com a premissa de que precisa buscar a imparcialidade, nem sempre deixa claro ao público que consome informações quem está por trás da motivação de cada matéria. Sabemos que não há como ser efetivamente imparcial na produção jornalística, porque há uma infinidade de variáveis que influenciam a elaboração das matérias, como a bagagem cultural e a ideologia do profissional ou as próprias tendências do veículo para o qual trabalha. É possível dizer que a posição do jornalista nem sempre é clara, logo, não se sabem os filtros, os óculos[3] com que olha para o assunto a ser relatado. Já no caso do assessor de imprensa, sabemos exatamente que tipo de filtros estão agindo em seu relato, o que muitas vezes não deixa de ser a mais pura verdade.

Então, essas ponderações já deveriam terminar com essa discussão entre a ética do assessor de imprensa e a do jornalista. Estabelece-se que o profissional de assessoria deve ser ético no que faz, o que, na comunicação, é prezar pelo relato verdadeiro.

Agora, se formos tratar do código de ética do jornalista (um conjunto de regras que deve determinar o comportamento do profissional e que abrange também o assessor de imprensa), Bucci (2009) tem razão quando afirma que os códigos de ética de ambas as posições deveriam ser diferentes – como é em Portugal, por exemplo –, e que não há, eticamente, como ocupar a posição de assessor de imprensa e de jornalista de algum veículo ao mesmo tempo. Por quê? O próprio autor dá exemplos do que encontra no Código de Ética dos Jornalistas Brasileiros:

3 Como Bourdieu apontou em *Sobre a televisão* (Bourdieu, 1997).

> Para ele [o Código de Ética], o jornalista pode ser repórter do Estado de S. Paulo, da Folha de S. Paulo e da Rede Globo e ao mesmo tempo ser assessor de imprensa do Ministério da Cultura ou do Ministério da Fazenda. Só o que ele não pode é fazer matéria sobre esses ministérios. Francamente é um descalabro. E se o jornalista for repórter de uma emissora de rádio e ao mesmo tempo assessor de imprensa dos Democratas (DEM)? Poderá ele fazer uma reportagem sobre o Partido dos Trabalhadores (PT)? O nosso código diz que sim. Ele só não pode fazer uma reportagem sobre o DEM. Ora, se ele sendo assessor do DEM, assalariado do DEM, realizar uma reportagem denunciando o PT por alguma razão não haverá nisso um ululante conflito de interesses? Para o Código de Ética da Fenaj não há problema algum. Mas é claro que para qualquer cidadão de bom senso há nisso um problema brutal. (Bucci, 2009, p. 94)

O autor ainda cita o art. 4º do Código de Ética[4] como um exemplo de que essa normativa não leva em consideração a prática do assessor de imprensa, já que o profissional não ouvirá o concorrente do seu cliente para produzir o *release*.

• • • • •

4 "Art. 4º O compromisso fundamental do jornalista é com a verdade no relato dos fatos, razão pela qual ele deve pautar seu trabalho pela precisa apuração e pela sua correta divulgação." (Fenaj, 2007a)

> Se alguém disser que esse artigo vale para os que trabalham em redações mas vale "mais ou menos" para quem é assessor de imprensa, pois é isso o que se diz informalmente entre os profissionais, eu pergunto: como uma categoria pode pretender ter um Código de Ética cujos artigos valem para alguns de seus integrantes e não valem para outros? É por essas e outras que o Código de Ética da Fenaj fica muito a dever a outros códigos que já existem por aí em empresas jornalísticas brasileiras. (Bucci, 2009, p. 94)

Bucci (2009) é bastante didático quando compara as duas profissões com as da área legal. O código de ética de um juiz não é o mesmo que o de um advogado. É possível ter a mesma profissão com cargos diferentes, o que pressupõe, a partir da posição que se ocupa, éticas diferentes.

Então, pensemos como deveria ser um código de ética voltado para o exercício da assessoria de imprensa. Honestidade e verdade precisam ser constantes, uma parceria franca, que pressupõe que o tesouro mais importante a ser trocado ou negociado é a notícia, os dados que a compõe, a escolha das fontes, simplesmente para esclarecer melhor os fatos e o relato em si. Em ocasião alguma se trocaria influência, presentes ou favores pela publicação de um determinado texto. O jornalista é o responsável por finalizar a matéria e publicá-la, checando fontes e dados tanto fornecidos pelo assessor de imprensa quanto externos, frutos de pesquisa própria. Mafei (2012, p. 25) também oferece conselhos éticos para os assessores:

> Um bom assessor de imprensa é aquele que reconhece os limites éticos de sua atuação e não os ultrapassa. Não mente, não engana, não ameaça, não oferece vantagens a jornalistas em troca da inserção de reportagem positiva sobre seu cliente. Seu compromisso principal é sempre o de auxiliar o assessorado no contato com a imprensa em busca da notícia correta. O bom assessor tem muito de um bom repórter. Apura informações sobre o assessorado, busca dados que compõem uma notícia, procura fontes confiáveis (dentro e fora da organização, se for necessário) para averiguar a abordagem que tem em mente. Na hora de divulgar tem a função de ajudar seu assessorado a identificar se o fato que ele quer ver divulgado é de interesse público e, assim, passível de se tornar objeto de matéria.

Em tempos de "toneladas" de notícias falsas sendo espalhadas pela grande rede, o papel do assessor de imprensa acaba sendo também o de reforçar o bom jornalismo. Como jornalista, o profissional de assessoria sabe que textos de qualidade, que resultem de um processo de apuração e redação bem trabalhados, são os indicados para os seus assessorados. Porém, é possível perceber tanta desinformação no trabalho do assessor que quem realmente segue um comportamento ético acaba virando a exceção.

> Um amigo assessor certa vez passou por uma situação inusitada. Ele fez uma matéria jornalística, entrevistando duas pessoas, para que fosse enviada aos veículos de comunicação. A agência que o contratou perguntou porque ele tinha usado nomes tão estranhos quando "criou" os personagens da matéria. Meu amigo precisou lembrar a agência de que, no jornalismo, não há criação de fatos nem de personagens. Os entrevistados realmente existiam e eram nomes verídicos. Por isso, torna-se fundamental reforçar que a assessoria de imprensa trabalha com o que é fato, o que é verídico, o que realmente existe.

Há quem repita: "mas se todo mundo faz...". Esse é o problema. É pelo fato de o cenário ser esse que se torna fundamental resgatar ou propor uma ética do assessor de imprensa, porque o que acontece com a imagem do cliente pode acontecer com a do assessor. Se ele faz negociatas ou burla a verdade, muitos públicos ficarão sabendo, desde o cliente até os jornalistas com os quais se relaciona.

Para saber mais

ROSA, M. A **Síndrome de Aquiles**: como lidar com crises de imagem. São Paulo: Gente, 2001.

VILLELA, R. **Quem tem medo da imprensa?** Rio de Janeiro: Campus, 1998.

As duas obras indicadas apresentam muitas dicas interessantes e alguns estudos de caso emblemáticos sobre o tratamento com a imprensa em situação de crise.

Síntese

Neste capítulo, demonstramos como se faz um *press release* e analisamos os assuntos que podem servir de pauta para a AI. Além disso, abordamos o processo de produção e envio de *releases* e explicamos que é preciso ter um plano para conter possíveis crises, porque um dia eventos dessa natureza acabam ocorrendo. Por fim, abordamos a questão das éticas do jornalista e do assessor de imprensa e mostramos o quanto é importante manter um padrão de trabalho e comportamento profissional.

Apresentamos formas diferenciadas de se fazer um *release*, o cerne da AI. Se bem escrito, bem elaborado, com notícias válidas para as redações jornalísticas, faz toda a diferença nos resultados da assessoria.

Dois outros pontos sensíveis da atividade sobre os quais tratamos aqui mostram que o assessor precisa estar preparado para as crises de imagem que podem acontecer. Melhor que dizer que "isso não vai acontecer" é construir um plano de gerenciamento de crises que deixe todos dentro da empresa preparados para quando ela vier.

O debate em torno da ética jornalística que deve permear a atividade do assessor de imprensa ainda traz dúvidas, principalmente porque o código de ética que regula ambas as atividades é o mesmo, quando na verdade deveria ser adaptado para o exercício de cada função. De qualquer forma, o assessor de imprensa tem um compromisso com a verdade e com a honestidade no seu trabalho.

Questões para revisão

1. Seu cliente pede para que você dê um presente ao jornalista da redação que já publicou uma matéria muito boa sobre o assessorado, provocada por você, mas que ficou melhor que o esperado. Você sabe que tudo que está na matéria é verdade, foi um trabalho bastante profissional, mas presentear o jornalista pode dar a entender que há outros tipos de acordo. Como você agiria nesse caso?

2. Seu cliente solicita que você "cave" a publicação da notícia do casamento do filho mais velho dele. Você explica para ele que isso não tem muito a ver com a empresa, mas mesmo assim ele diz que o contrato do seu trabalho depende do envio desse *release* que ele mesmo quer ler. Como você agiria nesse caso?

3. Analise a citação a seguir:

> Sou jornalista, mas gosto mesmo é de marcenaria. Gosto de fazer móveis, cadeiras, e minha ética como marceneiro é igual à minha ética como jornalista – não tenho duas. Não existe uma ética específica do jornalista: sua ética é a mesma do cidadão. Suponho que não se vai esperar que, pelo fato de ser jornalista, o sujeito possa bater carteira e não ir para a cadeia. (Abramo, 1997, p. 109)

Assinale a alternativa que concorda com essa afirmação:

a) Eugênio Bucci (2009) afirma que o código de ética do jornalismo precisa ser atualizado para abarcar as ações previstas na prática do jornalismo e na prática da assessoria. Assim, deve haver duas éticas.
b) Abramo (1997) entende que a ética do assessor de imprensa deve ser a mesma do jornalista no exercício da profissão, o que inclui não faltar com a verdade.

c) Há a ética do jornalista e a do marceneiro, porque são atividades eminentemente diferentes, visto que uma trata de produtos tangíveis e a outra, de produtos intangíveis. Dessa forma, são duas éticas profissionais diferentes, já que mentir é muito mais grave para o jornalista do que é para o marceneiro.
d) Tanto Abramo (1997) como Bucci (2009) entendem que ética é um assunto delicado quando se trata do jornalismo e da AI e, por essa razão, a comparação com a ética do marceneiro se torna útil.
e) Usar de informações escusas ou de manipulação é um problema que pode ser encontrado especificamente no exercício da AI. Abramo (1997) se utiliza da comparação com o marceneiro que entrega um móvel com defeito.

4. Numa situação de crise de imagem, Corrado (1994) aponta que é necessário usar a técnica da plataforma única quando pessoas da organização forem se comunicar com os diferentes públicos, sejam eles clientes, fornecedores ou mídia. Com isso, o autor quer dizer que:
a) todos os porta-vozes precisam se posicionar de maneira a ter a mesma altura para a televisão, ficando em cima de uma plataforma.
b) todos devem unificar uma plataforma de vocábulos a serem utilizados.

c) todos devem contar a mesma história, dando foco para as mesmas explicações.
d) os porta-vozes precisam vir do mesmo departamento da empresa e já se conhecerem.
e) a plataforma de valores da empresa precisa ser respeitada em cada fala.

5. O *press release* é o texto que é enviado para o jornalista no veículo de comunicação com o assunto que pode se tornar uma notícia sobre o cliente assessorado. Assinale a alternativa que **não** corresponde à característica de um *release*:
a) Ele apresenta linguagem jornalística, é direto e objetivo.
b) Em geral, dispõe de um *lead* com o centro do fato/notícia.
c) O título é chamativo e resume a notícia.
d) Conta com no máximo duas páginas, em geral.
e) Apresenta, obrigatoriamente, em alguma parte do texto, o nome da empresa do cliente.

Capítulo

05

Assessoria e veículos de comunicação

Conteúdos do capítulo:

Após o estudo deste capítulo, você será capaz de:

1. discorrer sobre o dia a dia das relações com a imprensa em cada meio de comunicação;
2. reconhecer as formas de atuação e os materiais que serão necessários a elas;
3. evidenciar as diferenças no controle dos resultados;
4. compreender como é a rotina do profissional assessor na assessoria para veículos impressos, de rádio, de TV e de internet.

Neste capítulo, vamos analisar o dia a dia do assessor de imprensa e as suas relações com a imprensa, abordando, de maneira específica, diversos meios de comunicação. Elencaremos as formas de atuação e os materiais que são necessários para cada uma delas, além de apresentar dicas gerais da rotina da assessoria para veículos impressos, de rádio, de TV e de internet.

5.1 Relacionamento com a mídia

No decorrer dos capítulos anteriores, discutimos o relacionamento que deve ser criado e mantido com os jornalistas das redações e de veículos em geral. Aqui, trataremos mais especificamente de algumas das ações e alguns dos comportamentos que podem definir uma parceria duradoura nesse sentido.

Intromissão no trabalho do jornalista

Há muitos profissionais que estabelecem que o assessor de imprensa deve dar a sugestão de pauta – ou o *release* – e ficar à disposição do jornalista caso ele precise de mais informações. E sua ação acaba aí. Assessores de imprensa que se intrometem no trabalho do jornalista, tentando ensinar como se faz, são altamente hostilizados e muitas vezes acabam tendo seus *releases* rejeitados. Afinal, quem quer trabalhar com alguém assim? Nesse caso, é importante ter tato e bom senso. Há situações em que o relacionamento é tão bom que parece que assessor e jornalista são uma equipe. O ideal é que o assessor entenda quando é possível ajudar, quando o jornalista dá abertura, quando se deve ser proativo, mas sem intenção de controle da reportagem ou da forma como ela será divulgada.

A verdade, ainda que o cliente não queira

Quase sempre, o relacionamento com a imprensa será desenvolvido entre o assessor de imprensa e os jornalistas, nem sempre com o cliente. Nesse mercado, todos sabem de todos, e isso inclui a competência do assessor de imprensa. Por essa razão, tentar "enrolar" ou mentir sobre determinados assuntos para os colegas dos veículos é mais prejudicial ao assessor que a seu cliente como assessorado. O profissional de assessoria pode trocar de cliente e aparecer com outras pautas, outras sugestões e propostas de matérias, mas o jornalista reconhecerá o assessor que trabalhava para "o cliente que mentiu"; e dificilmente um jornalista acreditará que o assessor foi "obrigado" a mentir ou a propor uma pauta maquiada. Jornalistas conhecem jornalistas e sabem que, com esforço, o profissional assessor consegue realizar seu trabalho com honestidade, se essa for a sua escolha. Então, mais uma vez, ressaltamos: é imprescindível dizer a verdade. O assessor de imprensa pode escolher outra maneira de falar ou omitir, mas nunca mentir, nem mesmo para agradar o cliente; caso contrário, a crise de imagem poderá ser do profissional.

Proteger o cliente

Vamos propor o seguinte raciocínio: o assessor trabalha para um cliente que deseja transmitir uma imagem positiva. Logo, por mais que a sua relação com o jornalista seja de parceria, é importante deixar os limites marcados. Não, vocês não são amigos.

> Apesar de serem exceções, algumas situações indicam, claramente, que virão problemas pela frente. Você pode se preparar para acionar o alarme nas seguintes ocasiões:
>
> - Quando o repórter "mente" ou "não abre a pauta", simulando uma matéria que não é a verdadeira, não é a que

está em andamento ou desconversa quando alguma informação sobre a reportagem é solicitada pelo assessor.

- Quando existem indícios de que a matéria já está pronta e que o repórter quer apenas uma frase para colocar no texto e caracterizar que ouviu o outro lado sem considerar as informações que poderiam levá-lo a concluir que deve modificar a pauta.
- O profissional recebe uma informação em *off* (sem citar procedência ou fonte) e resolve "bancar" a matéria alegando confiar na fonte sem apresentar dados sustentáveis de que o fato procede. Nesse processo, o repórter envolve o assessorado sem levar em conta as informações em contrário que ele apresente em defesa. Seja qual for a situação, o pior a fazer nesses casos é dizer que o cliente não vai se pronunciar. Seja franco com o repórter, mostre sua preocupação sobre a forma como a conversa está sendo conduzida. Diga claramente que você precisa saber qual é a pauta, que suspeita de que ele queira ouvir o outro lado apenas para cumprir um ritual ou ainda que um ou dois *offs* não são suficientes para sustentar tais afirmações. (Mafei, 2012, p. 96-97)

Mesmo que o assessor de imprensa entenda que a parceria é de anos, o jornalista precisará fazer o que lhe cabe, que é publicar o que ele entende que seja a versão mais próxima da verdade dos fatos a respeito do seu cliente – o que nem sempre será bom para sua assessoria. Por isso, não é nem de longe interessante contar histórias internas para o amigo jornalista naquele *happy hour*. O profissional assessor tem que treinar o seu silêncio ao máximo, porque é bem possível que seu colega não publique, mas repasse a informação recebida a outro repórter para que seja divulgada. Da mesma forma, caso note que o repórter não está sendo franco o suficiente quando o procura para fazer uma matéria com o assessorado, o profissional deve se posicionar.

***Follow-up* chato**

Já demonstramos que realizar o *follow-up* requer proatividade com o trabalho do jornalista, pois essa atividade tem a função de chamar a atenção do colega da redação para o texto enviado pelo assessor, em meio a tantos que ele recebe, e precisa ser feito com delicadeza, objetividade e rapidez. Também alertamos para o erro de ligar constantemente para saber se a matéria realmente será publicada – o profissional que faz isso não tem noção de como uma redação funciona. O repórter pode até ter feito a entrevista, coletado os dados para produzir a matéria provocada pelo *release*, mas, se ocorrer um desastre natural naquele mesmo dia, a matéria cai, como sempre acontece, e entram outras do fato que se tornou mais importante. Fora isso, há ainda várias outras "danças" que acontecem na redação, como outros colegas trazendo denúncias ou outros textos com valor-notícia mais forte que a proposta que o profissional de assessoria fez. Não é à toa que existem empresas – várias – especializadas em *clipping*, porque, se os assessores sempre soubessem quando a matéria sairá, como se fosse um anúncio publicitário programado, não seria necessário tantos profissionais especializados nesse tipo de relatório. Então, bom senso e ponderação são ótimos companheiros do bom assessor de imprensa no *follow-up*.

Profissionalismo antes de tudo

Imagine a seguinte situação: vários jornalistas buscam determinado assessorado para produzir uma matéria sobre algo que já foi divulgado na imprensa e usam uma notícia para pautar outras abordagens; um desses veículos resolve fazer uma matéria similar, procurando o assessorado muito em cima da hora, a ponto de levar a notícia ao ar ou publicá-la afirmando que o procuraram, mas este não respondeu. Há, ainda, situações em que o jornalista não procura o assessorado, mas informa que tentou contato e não conseguiu.

Como o assessor de imprensa age depois desses eventos? Irá penalizar o veículo não fornecendo a informação? Não adiantará. Conquistar inimigos não é a melhor opção. O profissional de assessoria deve ter em mente que a verdade sempre aparece e continuar sendo profissional, atendendo com atenção e pedindo francamente para que se corrija o texto publicado errado, a matéria que foi ao ar com informações incorretas ou o anúncio de rádio que repassou dados incorretos, ou que se forneça o tempo para que o assessorado também possa oferecer a versão dele sobre o fato ou a notícia. O assessor deve se lembrar de que seu trabalho é praticamente como o de um diplomata, e que a mídia publicará o que quiser. Então, ter boas relações ainda é a melhor forma de garantir boa imagem.

Não dê "jabá"

Como aconselhamos anteriormente, não deve passar pela mente do assessor mandar um presente para agradecer o repórter por uma matéria publicada, muito menos entregar o que quer que seja junto ao *release* (algo mais que informações, fotos ou um *pendrive* com imagens para dar suporte ao material). O que deve ser entregue ao jornalista, e que precisa ter qualidade inquestionável, é informação. Qualquer tipo de agrado, principalmente fora de contexto de confraternização, evento ou lançamento, será malvisto. Sempre é bem-vindo o bom senso. Por exemplo: se o assessor for convidado para o aniversário de um jornalista, é claro que levar um presente é adequado, mas nada que possa insinuar troca de favores. É necessário resgatar as parcerias realmente sinceras, aquelas que se estabelecem com base na troca de informação de qualidade, para informar cada vez melhor. Há notícias boas e quem possa cobri-las. Então, que todo o assessor de imprensa seja ponte.

> Pisar no terreno do relacionamento com a imprensa é tarefa para quem está disposto a desarmar minas terrestres – daquelas com potencial de jogar a imagem de pessoas e organizações pelos ares. É ofício para perseverantes. Muitas vezes é falar sem ser ouvido, é insistir e ser considerado um chato, é tentar abrir os olhos de quem não quer ver. Mas é também defender quem busca se relacionar bem com a mídia para expor indícios de uma boa gestão. [...] Ainda que não se evidencie o papel de quem está nos bastidores, dali também nascem grandes pautas e de onde fluem informações que serão processadas pelas redações. Um bom trabalho de assessoria de imprensa é capaz de movimentar grandes causas. (Mafei, 2012, p. 17)

Há ainda vários outros conselhos sobre a relação com a mídia que estão distribuídos neste material, mas, se quiser resumir tudo em um só: **trate seus colegas como gostaria de ser tratado se estivesse na redação.**

5.2
Assessoria e impressos

Há quem diga que os impressos estão acabando e serão trocados pela comunicação *on-line* muito em breve, e esse tipo de previsão tem sido repetida desde que a grande rede de computadores foi criada. Mas há um outro grupo de pessoas que acredita que, enquanto não for criada uma tela fina como uma folha de papel, que possa ser dobrada e colocada debaixo do braço e que seja acessível a boa parte da população, os impressos ainda terão lugar cativo no coração e na mente de quem gosta de se informar.

Perguntas & respostas

Quais são as diferenças entre a produção de matérias nos meios impressos e nos *on-line*, ou eletrônicos?

Podem-se usar os jornais diários como exemplo para responder a essa pergunta. Num primeiro momento, precisa-se pensar na produção das matérias para esses veículos, que ainda sofrem com a pressão do tempo de fechamento, mas não tanto quanto os outros veículos. Um repórter de jornal impresso tem ainda mais tempo para produzir uma matéria que um profissional de veículo *on-line*, rádio ou TV. Isso significa que ele precisa focar seus esforços em aprofundar os assuntos em vez de simplesmente dar a mesma notícia que já foi publicada em outros veículos. A abordagem será mais variada e talvez se opte por um formato mais analítico para o texto final.

Há uma tendência de transformar jornais impressos em análises das notícias publicadas no dia por outros veículos, a fim de se manter no mercado. Os profissionais responsáveis pelos cadernos especiais temáticos semanais, por sua vez, tendem a buscar o que interessa aos seus leitores com um pouco mais de antecedência que outros veículos. Resumindo, é possível elaborar algo mais detalhado que um *lead* estendido para jornais impressos.

Destacamos, ainda, que há chance – o que é comum nas redações enxutas – de o texto ser publicado na íntegra. Então, a ideia é que o profissional de assessoria primeiro escreva o seu *release* como se fosse realmente uma matéria para jornal impresso. Porque, se for, o assessor fez um bom trabalho e ajudou o jornalismo impresso. O profissional precisa imaginar em que página o *release* iria, quantos caracteres deveria ter para caber no espaço no qual julga que o texto deva ir, e que tipo de fotos poderiam acompanhá-lo (essas fotos devem ser tiradas e enviadas ao jornalista). Enfim, o assessor não decide o que será publicado no jornal, mas pode se assegurar de que, se seu *release* for publicado, ele contribua com a qualidade do meio e com a informação como um todo. O profissional assessor precisa pensar como se trabalhasse na redação na hora de desenvolver o *lead*, o *sublead* e o texto no geral.

Caso o *release* não seja publicado na íntegra e o assessor receba um telefonema do colega da redação do jornal impresso, o profissional de assessoria precisa estar pronto para atendê-lo e enviar o que ele precisa, com dados de análises e fontes confiáveis. O interessante é que esse material esteja preparado e colocado à disposição em algum meio digital, para que o jornalista o acesse com presteza. Para realizar a devida análise, ele não precisará apenas de declarações do seu entrevistado, mas de números, tendências e gráficos.

Outra forma interessante de trabalhar o jornal diário impresso consiste em posicionar o assessorado como um articulista ou colunista do jornal. Esses veículos sempre precisam de profissionais (autônomos são muito bem vistos) que entendam sobre determinado assunto para escrever semanalmente e realizar uma análise da área em que atuam. Para isso, é importante que o assessor de imprensa leia o jornal, conheça editorias, veja em que tipo de espaço seu assessorado pode se encaixar e proponha a escrita no tamanho que o jornal tem para outros colunistas. Há situações em que o assessor escreve pelo assessorado e, em geral, não há problema nisso, desde que o conteúdo seja do cliente. Muitos profissionais entrevistam seus próprios clientes e depois organizam a informação de maneira que ela seja apresentada no texto. Há casos, ainda, de a assessoria de imprensa (AI) assinar o texto; no entanto, essa escolha não é a ideal porque, mesmo que o cliente não saiba elaborar bons textos, o conteúdo, as indicações e os conselhos precisam ser dele. Imagine um médico falando sobre tipos de cirurgia de estômago, comentando alguma notícia ou falando sobre as últimas descobertas. É inapropriado que a AI assine, mesmo que ela seja responsável pelo último formato do texto. O conteúdo é do cliente e ele é quem deve aparecer. Assessor é bastidor.

Assessoria de imprensa em revistas impressas

Ainda hoje, a revista impressa continua causando fascínio em seus leitores. Há pessoas que as colecionam ou que as guardam por causa de matérias específicas. A qualidade da impressão e do papel e os textos que não são matérias factuais (nas revistas mensais, principalmente) fazem com que as revistas sejam guardadas mais que outros veículos. Essa preferência também faz com que elas passem por mais mãos e sejam lidas por mais pessoas, porque são elas, por exemplo, que ficam dispostas nos consultórios médicos, em escritórios etc.

As revistas também apresentam uma segmentação muito forte, superada apenas pela internet, que abre possibilidade para o usuário clicar e consumir o assunto que quiser. Uma observação em uma banca de jornais e revistas mostra as possibilidades de segmentação: motos, carros, artes, produtos de luxo, artesanato, arquitetura, jardim, decoração, cabelo, roupas, moda, comportamento, tatuagem, barcos, pesca, música, cinema, esportes específicos (como canoagem ou escalada) ou, ainda, os mais concorridos, como futebol, maquiagem, saúde, alimentação, entre várias outras áreas. Ainda é válido citar as revistas de notícias semanais, as de entretenimento e cultura e as de variedades.

Portanto, um assessor sempre pode encontrar uma revista que trata do segmento do seu cliente. Porém, as possibilidades não restringem a isso: pense no que a revista produz. As matérias são mais aprofundadas e mais bem tratadas do ponto de vista de plasticidade, têm melhores fotos e imagens, mais espaço, mais possibilidades de explicar e de mostrar versões diferentes. E, em muitos casos, mais tempo para fazer algo realmente bom.

Enfim, se o cliente do assessor não estiver envolvido em um escândalo que está coberto pelas revistas semanais, o meio *revista* é muito interessante para diversas formas de trabalho. E mesmo que o nome do assessorado figure de maneira negativa em um dos semanários, a chance de reverter a situação, publicando seu lado da história na próxima semana, é considerável, porque é um meio que possibilita tempo e espaço para isso.

No caso de matérias frias, isto é, que tratem de assuntos que não ficam defasados tão rápido, o assessorado pode ser fonte em diversas situações. Cabe, então, uma apresentação dele ao lado dos assuntos com os quais tem afinidade. No caso de a assessoria ser de uma empresa, o assessor de imprensa tem de pensar na possibilidade de promover a diretoria, principalmente em revistas de negócios e assuntos empresariais. Há formas diferentes de se trabalhar o veículo; o importante é saber que a visibilidade em uma revista dura mais tempo e que isso vale tanto para o bem quanto para o mal. Por isso, relações duradouras com essas redações são sempre indicadas.

Impressos especializados

Entre os impressos, há ainda os específicos das áreas de negócio. Esses veículos precisam ser considerados, mesmo que o assessorado os ache insignificantes ou com pouca tiragem. Os veículos especializados dialogam diretamente com a comunidade do cliente, com os concorrentes ou ainda com fornecedores ou clientes do assessorado, então é importante que o profissional de assessoria entre em contato com os sindicatos ou associações do segmento para fazer um *mailing* deles, assiná-los, analisá-los e, a partir daí, ver como seu cliente pode contribuir para a publicação.

Para identificar esses veículos, nada melhor que usar a internet. Tanto associações quanto sindicatos e instituições têm algum contato na grande rede atualmente e, em geral, as publicações são mensais e os materiais divulgados são especializados, com linguagem própria da comunidade, um pouco diferente do que seria escrever para um veículo de massa ou uma revista que tenha a sociedade em geral como audiência. Há, ainda, clientes/assessorados que talvez se encaixem melhor nesse tipo de publicação. Imagine que o assessorado produz um compressor para refrigeradores. É mais interessante que o assessor de imprensa concentre boa parte dos seus esforços para atingir fabricantes de refrigeradores, distribuidores e revendedores de peças que o público final em geral. Mesmo assim, publicações impressas que falem de negócios sempre dão visibilidade para todas as iniciativas bem-sucedidas ou inovadoras em seus processos.

Os impressos ainda são boas fontes e ainda são lidos por um grande público. O assessor de imprensa deve passar "o pente fino" neles, fazer um *mailing* explicativo para si mesmo, descrevendo cada veículo e quais possíveis pautas poderá propor em cada um. Isso irá ajudá-lo quando tiver fatos noticiáveis e estiver em dúvida em relação à abordagem ou ao veículo com o qual trabalhar.

5.3 Assessoria e rádio

Não faz muito tempo que os únicos meios de comunicação que existiam eram o rádio e o jornal impresso. Quando surgiu a TV, pensou-se que era o fim do rádio. Anos depois, com o advento da internet, igualmente imaginava-se que o rádio estava com os dias contados; no entanto, ele é um veículo que está em pleno funcionamento e ainda passa por inovações, podendo, inclusive, ser ouvido pela internet.

Perguntas & respostas

O que faz do rádio um veículo tão duradouro?

Ele é um veículo essencialmente barato e fácil. Imagine que, desde a época do rádio de pilha, que acompanhava trabalhadores em qualquer lugar que fossem, até os celulares, que praticamente todas as pessoas têm, o rádio é um dos veículos que conta com maior repercussão até os dias atuais. Em rincões nos quais o computador ainda não chegou, em locais isolados, nos quais jornais e revistas não chegam, ele é a ponte e a informação, é o veículo base da comunicação. Nas grandes cidades, nos engarrafamentos imensos das idas e voltas dos trabalhos, é o rádio que faz companhia aos motoristas e aos passageiros. Exatamente pela possibilidade de ser consumido concomitantemente a outras atividades, o rádio tem ainda um poder imenso, porque, em muitas atividades de trabalho diário, as pessoas ouvem-no em fones, sozinhas, como distração, como pano de fundo do que quer que estejam fazendo.

As características do rádio certamente podem servir para que o assessor de imprensa decida determinadas estratégias. E é válido lembrar que, apesar de todas as características positivas, o rádio é consumido junto a outras atividades, na maior parte das vezes; portanto, a atenção dos ouvintes não é total. Adicione-se a isso a baixa memória auditiva que temos e que, em comparação com a visão, é o pior sentido para retenção da informação (Terribili Filho, 2008). Informações e estímulos apenas ouvidos são retidos com mais dificuldade que informações vistas e ouvidas ou, ainda, experimentadas.

Por essa razão, as pautas para rádio precisam se adaptar ao veículo, e o fato em si, a notícia que vai ser divulgada, precisa ser de fácil entendimento e explicado de maneira simples, direta e palatável.

Além de entregar a informação de uma maneira que simplifique a vida dos profissionais do rádio, podendo até escrever o texto do *release* em formato de texto de rádio, é muito importante que o assessorado esteja pronto para dar entrevistas.

Por exemplo: quem escuta as rádios CBN ou Band News, que são específicas de notícias, sabe que, nas primeiras horas da manhã, é possível ouvir entrevistas com diferentes personagens políticos, profissionais e especialistas. Essas pessoas não poderão estar com "voz de sono" e precisam estar preparadas para responder às questões com facilidade e lógica. Para entrevistas pelo rádio, é possível fazer um *script* escrito com os tópicos principais a serem respondidos, a fim de deixar o cliente mais calmo e focado no que precisa responder.

O *media training* para o rádio também é importante. Nesse veículo, a voz é tudo: ela precisa ser calma, sólida e segura. É claro que o assessor não pode mudar a voz do seu cliente, mas pode treiná-lo para falar de maneira motivadora e com entonação. Além disso, essa fala precisa ser direta, simples e didática. Portanto, expressões simples funcionam adequadamente, e isso também ajuda clientes que realizam trabalhos bem específicos, como advogados ou promotores, pois o uso de jargões da área do direito, por exemplo, para explicar algo, provavelmente fará com que os ouvintes formem uma imagem de arrogância e de esnobismo. No entanto, quando alguém com autoridade explica algo de maneira simples, cria um vínculo com a audiência e uma simpatia por parte do público, o que estabelece uma propensão no ouvinte de se colocar ao lado do entrevistado.

Outro ponto importante é que as notícias divulgadas no rádio geralmente têm a característica de serem instantâneas e efêmeras. Então, sem uma adequada repetição dessa notícia, ela naturalmente cairá no esquecimento. Atualmente, é claro, as rádios reverberam em outros meios, como programas gravados que são transmitidos para mídias como Youtube© ou para suas próprias páginas *web*.

Dessa forma, como as notícias e entrevistas podem ficar na grande rede por tempo indeterminado, é imprescindível que o assessorado seja específico e verdadeiro no que disser. É possível considerar, então, que, por um lado, esse resultado multiplataforma acaba potencializando o trabalho do assessor de imprensa, mas, por outro, é bom que esse profissional mantenha os olhos abertos para a qualidade dessa exposição. Se o cliente cometer algum erro, este ficará gravado.

Outro ponto a ser considerado é que, com o envio de *releases*, além de propor notícias e entrevistas que podem ser feitas até por telefone – o que torna tudo muito prático –, o assessorado pode ser "vendido" como especialista naquilo que ele sabe melhor. Rádios precisam de comentaristas, analistas, formadores de opinião em geral para embasar suas histórias. E o mais interessante é que o custo dessa produção é baixíssimo, já que é possível que o assessorado responda às questões por telefone, sem precisar sair de casa ou do trabalho.

Há ainda outro detalhe específico do rádio, que já mencionamos, mas que vamos especificar melhor aqui: ele é instantâneo. Então, numa situação de escândalo ou crise de imagem, os jornalistas de rádio são os primeiros – junto aos de internet – que colocarão no ar algum posicionamento do assessorado. De acordo com a situação, o assessor de imprensa deve avaliar se não vale a pena dar a preferência para que o cliente responda às questões do rádio em detrimento de outros veículos. Essa resposta rápida e publicada de imediato pode conduzir melhor a opinião pública enquanto os outros veículos estão preparando suas versões.

E a vantagem de se falar ao vivo é ainda maior numa situação de crise porque, sabendo lidar com as perguntas e respondê-las adequadamente, é possível reverter a situação e colocar a versão do cliente dos fatos sem edição ou cortes.

No entanto, é válido mencionarmos que, quando se trata desse veículo de comunicação, não há imagens para comprovação e, portanto, não há como mostrar fotos ou vídeos, mesmo sabendo que boa parte das rádios hoje dispõe da versão ao vivo na internet. Por isso, pautas de rádio precisam ser carregadas de informações que descrevam a notícia mais detalhadamente, que façam o ouvinte imaginar com facilidade a história que está sendo contada – o que requer esforço descritivo na produção do *release*. Bons redatores podem descrever até sabores de vinhos ou receitas de pratos deliciosos e, nessa ocasião, o profissional de assessoria precisará contar com suas habilidades de jornalista.

Uma das grandes vantagens do rádio, pelo menos até a chegada da internet, era que ele proporcionava a interação entre o ouvinte e as notícias com uma facilidade enorme. Ouvintes, em geral, sempre puderam ligar e participar dos programas, inclusive pedindo músicas. Era o início das interações, da efetiva participação do público na produção do veículo. Isso funcionava muito bem e ainda serve para apresentadores de determinados programas usarem seus espaços para fazerem a mediação entre consumidores insatisfeitos e empresas fornecedoras de produtos ou serviços, por exemplo. Nesse caso, é muito inteligente a organização que coloca à disposição, para responder o cliente no ar, um dos seus funcionários que é bom orador e confere uma coerência ao que diz e faz. Essa é uma excelente oportunidade para empresas que estão com problemas de reclamações em diversas mídias poderem responder a seus clientes e serem ouvidas por outros possíveis clientes. Se esse for o caso do assessorado, o assessor de imprensa deve pensar com carinho na possibilidade de treinar um colaborador da organização para falar por ela e se concentrar na satisfação e na resposta direta ao público consumidor por meio do rádio.

Esse veículo é ótimo para um alcance abrangente; porém, sempre para matérias de cunho mais simples, mais direto, ou para a promoção do assessorado como analista, comentarista ou especialista.

5.4
Assessoria e TV

Fazer AI para TV implica, primeiramente, pensar em produção de cenário e em detalhes. A TV é o veículo que mais precisa de "acabamento", de equipe, de agendamento e de planejamento. Ao contrário do rádio, cujas programações podem feitas de imediato, a TV precisa de um plano adequado para cobrir determinado assunto, por dois motivos: os equipamentos e os recursos humanos investidos são de alto custo e a história ou o fenômeno precisam ser explicados por imagens. TV é visual, então o executivo que dará a entrevista precisa estar bem arrumado e, se necessário, maquiado.

Veja um exemplo: é um dia muito quente e a emissora resolve entrevistar o assessorado para esclarecer uma denúncia. Se a iluminação ressaltar a testa brilhante de suor, é possível que o público pense que o cliente do assessor estava nervoso ao responder às perguntas e que, logo, "ele deve ter alguma culpa no cartório". Então, pensar em estética para TV é fundamental, porque a posição corporal e a eloquência podem comunicar muito mais que os conteúdos em si. Tons de voz, "caras e bocas" podem fazer a diferença em segundos quando se quer esclarecer algo. É muito comum assistirmos a entrevistados que não estão acostumados com câmeras e ficam muito nervosos, com voz trêmula e feições mais tensas. Uma maneira de evitar que o assessorado seja uma dessas pessoas é treiná-lo, explicando como funcionará a entrevista, que tipo de posição corporal é melhor adotar, para onde olhar, onde colocar as mãos. Depois disso, para acabar com o nervosismo, indica-se a realização de uma simulação com câmera, colocando pessoas desconhecidas para simular os entrevistadores e perguntar sobre assuntos sem preparação prévia. O assessor deve realizar essa atividade com frequência. O hábito fará com que o assessorado – ou assessorados – sintam-se aos poucos mais calmos com o conjunto e passem a ter mais desenvoltura.

Perguntas & respostas

Como deve ser uma pauta para TV?

A TV é, em geral, o veículo mais exigente, porque os custos são grandes para locomover uma equipe de televisão e todos os equipamentos. Então, o *release* não pode ser uma sugestão de notícia solta, aberta – precisa propor algo bem amarrado, que explique o objetivo e a função daquela entrevista (por exemplo), que apresente dados comprobatórios e, principalmente, que dê sugestão de locação para capturar as imagens ou sugestões de imagens para cobrir todas essas informações que serão dadas no *off* da reportagem.

Considerando as informações a respeito de como deve ser a pauta enviada para emissoras de TV, apresentadas no boxe anterior, analise a seguinte situação: um instituto de pesquisa gostaria de explicar um procedimento específico que está sendo desenvolvido com determinados insetos. Nem sempre esse procedimento poderá ser filmado pelas equipes de televisão, porque há um calendário para isso, um agendamento de cada procedimento, uma forma correta de usar os insetos. Nem sempre a agenda do veículo se encaixa na agenda das experiências. Nesse caso, filmar o procedimento e fornecer as imagens em seguida às emissoras é mais adequado. O assessor de imprensa deve garantir a qualidade dessas filmagens. Isso não significa que seja necessário contratar uma produtora para fazê-las, até porque celulares e câmeras regulares podem dar conta da qualidade de muitos projetos, mas é importante que o profissional de assessoria leve em consideração o básico da iluminação e a locação, para não aparecerem informações que distraiam o público, como alguém passando atrás do que está sendo mostrado ou uma multidão acenando para a câmera, por exemplo.

No entanto, precisamos lembrar que há emissoras que preferem fazer suas próprias imagens e, por isso, dificilmente recebem as produzidas pela assessoria. Nesse momento, é bom que o assessor seja criativo o bastante para sugerir outras imagens que possam cobrir as informações.

Há situações, ainda, em que as imagens são difíceis ou quase impossíveis de serem feitas, como no caso de um produto que será lançado e da embalagem ou do envase que ainda não estão prontos. Nesse caso, o profissional de assessoria deve investir nas fotos que tiver. Tudo que puder fazer com que o assunto seja explicado didaticamente e que tenha alguma cobertura de imagem, ainda que estática, pode ajudar.

Outro requisito muito bem quisto pelos profissionais da televisão quando recebem uma sugestão de pauta ou um *release* é a existência de um personagem. Ter um ser humano que passou pela experiência, que usou o medicamento, que teve um problema na justiça resolvido, que comprou e não recebeu, que estava construindo e foi enganado, que plantou determinado tipo de soja em sua propriedade e teve o dobro de produção, enfim, um indivíduo que não é o oficial da situação, não é o técnico, mas que garante a credibilidade da história que está sendo contada. A televisão usa muito dessas histórias pessoais para fornecer a informação, por ser um veículo mais didático, que precisa simplificar a história para que mais pessoas tenham acesso a ela. Gráficos e dados também são bastante úteis.

Há ainda situações em que a equipe de TV precisa viajar para outros lugares para cobrir diversas histórias e buscar as imagens adequadas para matérias especiais. Para isso, o assessor de imprensa pode manter os entrevistados preparados, checando roupas, cabelos e maquiagem, agendar os locais (locações), a fim de evitar perda de tempo da equipe. O profissional de assessoria precisa considerar, também, problemas com o tempo – há casos de o evento não ser coberto porque choveu e porque o assessor de imprensa não avisou que haveria outro local adequado, a salvo da chuva, para realizar a matéria.

Quando se trata do "ao vivo", a TV tem seus prós e contras. Por um lado – esse bem positivo –, o cliente assessorado poderá falar exatamente o que precisa falar sem ter o risco de sofrer edições que "desvirtuem" sua mensagem – comum quando o entrevistado fala demais e demanda a edição do vídeo. Por outro lado, é importante prestar atenção ao ambiente, mantendo a equipe de produção atenta a sons que vazem, a ventos que comprometam a audição da entrevista ou a mudanças no clima que possam atrapalhar a transmissão.

Quando a equipe confere a localidade, é necessário lembrar que se está fazendo jornalismo, não publicidade. Vamos abrir mais um parêntese para relatar experiências pessoais como forma de exemplificar esse assunto.

Trabalhei com um cinegrafista que, quando ia a um local fazer uma entrevista, tirava os cestos de lixo de trás, tirava as cadeiras que estavam soltas, ajustava o "cenário". Demorou para ele entender que jornalismo é realidade e, por isso, tudo tinha que ser real, do jeito que era de fato.

Ainda nesse tópico de produção, tive uma aluna que fez um projeto de AI para costureiras, falando sobre customização de roupas. A reportagem se deu no estúdio de costura de uma delas. O local estava organizado, mas havia fios em estantes nas paredes, pedaços de tecido, as máquinas de costura. Era real. Organizado, mas um ambiente de trabalho de uma costureira, porque tudo aquilo era parte do assunto.

Em outra situação, uma aluna conseguiu que a equipe de TV fosse fazer uma matéria com um grupo de senhoras que faziam e comercializavam pães num projeto de geração de renda para a comunidade. A aluna preparou as senhoras, explicou o dia em que a equipe iria até elas, repassou com elas algumas perguntas que poderiam ser feitas pela repórter, pediu que deixassem os dois tipos de pães assados e um cortado para a repórter degustar durante a matéria; enfim, deixou o caminho preparado para que a comunicação fosse adequada. Ela só se esqueceu do *glamour* que a TV representa para o público em geral. Quando as senhoras tiveram a certeza de que a câmera da TV iria fazer uma reportagem no local do projeto, elas foram ao cabelereiro, fizeram escova, maquiagem, escolheram sua melhor roupa. A matéria foi publicada, mas essa produção toda destoou bastante do que estava sendo dito e das toucas brancas que algumas usavam. Então, esse cuidado com os detalhes é fundamental. Novamente, destacamos que a assessoria faz jornalismo, e a estrela principal é a informação.

Por fim, o assessor também pode pautar os telejornais, programas especiais de entrevistas ou de variedades, em que o cliente assessorado precisa ir ao estúdio do canal de TV. Num caso como esse, o assessor precisa ir ao local com antecedência e pedir para que o assessor leve duas mudas de roupas com diferentes cores – nada de verde ou azul, pois, em geral, o cromaqui é dessa cor. O ideal é que a maquiagem seja feita na hora, para testar com a luz – eis aí um bom motivo para chegar com antecedência.

Mais um exemplo: em um evento de tango para o qual fiz assessoria, dois programas de TV pediram que os dançarinos mostrassem alguns passos ao vivo. Foi preciso checar o chão do estúdio para saber se seria possível apresentar. Para o tango, o chão precisa deslizar de alguma forma. Os dançarinos chegaram antes, aqueceram e ensaiaram um pouco no chão, para realizarem seu trabalho na hora certa. Mais uma prova de que é preciso pensar em muitos detalhes.

5.5
Assessoria e internet

Com o advento da internet, um mundo de possibilidades se abriu para todo o tipo de comunicação e as formas e estratégias de se fazer comunicação foram reconfiguradas. Duarte e Carvalho (2011, p. 370) resumem esse novo cenário:

> As novas mídias tiveram impacto significativo nos processos de comunicação ao ampliar as possibilidades de armazenagem,

> atualização, distribuição de conteúdo, acesso, interação e participação. Computadores e seus descendentes tornaram-se veículos de comunicação de massa a partir da web colaborativa, fazendo com que qualquer um possa gerar e fazer circular conteúdo e tenha acesso fácil à informação distribuída em qualquer lugar do planeta e ao contato com seus produtores. Um dos principais impactos é que a essência original da publicidade e da divulgação jornalística, que é a distribuição unilateral de informações do tipo "eu falo e vocês ouvem" perde importância. A perspectiva é de diálogos e interações com incontáveis envolvidos. As expressões emissor e receptor passam por mudanças – todos são simplesmente comunicadores.

Isso significa que, além de prover o contato direto da empresa, organização ou personalidade com seu público ou com seu cliente, a internet abriu espaço para novos tipos de plataforma, como portais de notícia, *blogs* especializados e canais do YouTube©. Aquilo que era a mídia de massa se tornou a cauda longa da qual fala Chris Anderson (2006)[1]. São vários veículos para atender diversos tipos de público. Então, perpassaremos, nas seções a seguir, algumas ideias que a AI pode desenvolver na internet.

• • • • •

1 Anderson, no livro *A cauda longa*, explica a curva de consumo que acaba saindo dos *hits*, da venda de um produto para uma multidão, para a exploração de nichos especializados de públicos. É a era da segmentação, da regionalização, da tematização. De vender ou ofertar mais produtos para mais nichos (Anderson, 2006).

Assessoria para veículos tradicionais que estão na internet

Internet é o lugar no qual todos os meios se encontram. Não é à toa que foi cunhada como o ambiente da convergência. Nesse âmbito convergem o texto escrito, a imagem estática, o áudio e o vídeo. Adicione a isso a computação gráfica e você entenderá porque é fundamental para todos os veículos estarem também na internet. É por isso que o repórter de um material impresso produz hoje para o portal de notícias. É por isso que a matéria da TV também se encontra na internet para consulta ou que o programa de rádio conta com uma câmera no estúdio, que envia imagens em *streaming* para a página na *web*.

Por todas essas razões, o assessor de imprensa precisa ter em seu *mailing* os nomes dos profissionais de jornalismo que fazem as produções para os portais e, principalmente, visitar todos os portais de veículos tradicionais para saber se eles têm seções específicas, a fim de enviar suas sugestões diretamente para elas.

Blogs e canais especializados

Dependendo do tipo de cliente com o qual o profissional de assessoria atua, pode ser ótimo contatar *blogs* especializados ou de notícias. Há pouco tempo, houve um aumento exponencial de produção de *blogs* que contavam com muitos seguidores com os quais os administradores interagiam, principalmente se o *blog* fosse de uma pessoa carismática que sugerisse produtos aos seus seguidores. Dessa maneira, proliferaram os *blogs* de moda, de maquiagem, de "faça você mesmo", de cozinha, de vinhos etc. Todos nichos de mercado. O *boom* que fez as pessoas seguirem *blogs* temáticos pode ter passado, mas alguns deles ficaram como referência.

Nessa época, muitas empresas mandaram *kits* de produtos para que os blogueiros testassem e colocassem suas resenhas e avaliações em seus espaços. Assim, clientes que confiavam nessa referência consumiam produtos com avaliação positiva, mas o risco dessa estratégia também era grande. Se o blogueiro não gostasse do produto, a resenha era negativa, até que tudo virou quase publicidade.

Ainda hoje, há *blogs* de notícias que são lidos ou consumidos por grande parte do público. Dependendo do objetivo do cliente assessorado, os *blogs* podem ser bons espaços para provocar alguma temática. No entanto, o assessor deve ter em mente que, em geral, blogueiros só publicarão o texto, talvez editá-lo, mas nem sempre haverá uma equipe para produzir a matéria como deveria ser. Por isso, o profissional de assessoria deve pensar em textos finais equilibrados, e não em sugestões de pauta.

Outros canais que precisam ser vistos com carinho nessa estratégia de nichos são os do YouTube© – há canais de resenhas de livros, de maquiagem, de "faça você mesmo". Atingir esses públicos acaba fazendo com que o trabalho de AI fique muito parecido com o da publicidade. Em geral, os *youtubers* não são jornalistas (alguns são) e, por isso, o assessor precisa ter cuidado com o tipo de contato feito. Não há mal em apresentar um cliente de maneira jornalística quando o canal fala do produto do cliente.

Por exemplo: há um canal de uma jornalista que faz resenhas de livros literários. Se o assessor presta serviços para uma pequena editora que acabou de lançar um romance de um autor expoente brasileiro, não há mal algum em mandar um livro com um *release* explicativo sobre a editora, o foco etc. É decisão da dona do canal falar sobre o livro ou não. O profissional de assessoria envia o *press kit* (*kit* porque tem mais materiais além do *release*) e fica à disposição.

Porém, caso o relacionamento passe a ser comercial (quando a editora envia os livros e paga ao *youtuber* para falar), a relação não cabe mais ao assessor de imprensa, porque passa a ser publicidade e deixa de ser jornalismo. Existe, portanto, uma linha tênue nesses casos.

Redes sociais

Praticamente toda empresa ou personalidade conta, hoje, com um perfil ou *fan page* no Facebook© ou no Twitter©. Essas duas redes sociais estão no foco da atenção e tornaram-se meios interessantes de a mídia se corresponder com seus públicos.

Podemos afirmar que essa relação é delicada e nem sempre é possível controlar estragos na imagem, se houver.

Em geral, o assessor de imprensa será também responsável por produzir os conteúdos para as redes sociais em empresas de pequeno e médio portes. Nas organizações maiores, no entanto, que contam com a *house,* essa responsabilidade será dividida, dependendo da estratégia decidida com os colegas das outras áreas da comunicação.

Há muitos estudos que avaliam se a função de produção de conteúdo deveria ser da AI ou não, mas, frequentemente, essa é uma decisão do profissional e de seus assessorados. No entanto, é mais um trabalho a ser desempenhado e que, muitas vezes, produz uma imensa interação, que pode ser tanto positiva quanto negativa. Contemporaneamente, pouquíssimos clientes telefonam para o Serviço de Atendimento ao Consumidor (SAC) das empresas. Eles postam na internet – nos seus perfis, no perfil da empresa ou em páginas específicas de "recomendo/não recomendo". Se a organização não tiver um time muito bom em respostas (que precisam ser bem plausíveis, reais e verdadeiras), talvez seja melhor sequer ter o perfil nas redes sociais.

Um caso que teve uma repercussão negativa foi o de uma empresa de produtos esportivos que quase dobrou o preço da camisa de uma equipe de futebol um dia depois do trágico acidente que matou praticamente todo o time. Os clientes foram às redes sociais reclamar com agressividade contra a falta de sensibilidade da organização. No início, o responsável pela mídia social respondeu às acusações explicando que o sistema havia subido o preço automaticamente depois da liquidação da *Black Friday*. A resposta não convenceu, já que o acidente aconteceu 3 dias depois da liquidação. Os clientes continuaram reclamando e o responsável pela mídia deixou de responder. A imagem da empresa ficou manchada.

Enfim, para estar nesse mar digital, é preciso ser bom marinheiro. Ao mesmo tempo, não estar presente é passagem certa para o esquecimento. Por essa razão, pensar em conteúdos adequados e em uma equipe de resposta rápida e ponderada é um bom começo, mas as ações da empresa precisam estar de acordo com o que é colocado na mídia social.

Outro cuidado que o assessor de imprensa deve tomar é o de não esquecer que o que é publicado na grande rede é eterno. O profissional de assessoria deve estar sempre preparado, já que tudo varia muito rápido, há muita informação substituindo outras e o fluxo é contínuo. Nessa dinâmica, existem o *print screen* e o cache. Ambos fazem qualquer reportagem, *post* ou conteúdo ser jogado para uma multidão que poderá reverberar esses dados num ciclo contínuo. Não adianta apagar. Se o conteúdo fez parte da rede uma vez, é possível ser recuperado a qualquer momento. É dessa maneira que vemos notícias que acreditávamos enterradas voltando à baila. Um caso interessante foi o de um político que postou em seu Twitter© um apoio incondicional a outro político. Quando o colega foi preso, o primeiro fez um outro *post* dizendo nunca ter se relacionado com o preso. Os internautas não perdoaram e postaram ambas as falas em seus perfis, mostrando a incoerência do político.

Enfim, mídias sociais não são para amadores. A mensuração de tráfego, de público falando sobre determinado assunto, de perfil de pessoas atingidas, entre outros dados, é muito fácil quando se usa diversas ferramentas que estão dentro dos *blogs*, das redes sociais ou independentes, como o Google Analytics. Novamente, depende da estratégia a ser traçada. O cliente assessorado, por exemplo, pode optar por um *blog* com conteúdos mais específicos e deixar para as redes sociais os vídeos e as produções mais curtas. O importante é saber que tudo deve ser monitorado frequentemente porque não se pode pedir ou propor interação sem oferecer respostas.

Salas de imprensa e *websites*

Imagine uma situação em que o assessor de imprensa consegue pautar um programa de TV de grande alcance nacional e, em seguida, muitos telespectadores que o assistiram querem tirar dúvidas sobre o produto ou serviço apresentado. Como você pensa que esse público entrará em contato para saber mais? Você acertou se disse algo entre redes sociais e *website*. Sim, as pessoas precisam encontrar no *site* ou nos perfis da empresa nas redes sociais informações detalhadas sobre o que foi divulgado. Há, também, a possibilidade de a matéria não ter falado tudo do jeito que deveria, porque jornalistas podem alterar o foco ou editar as informações, dependendo do que querem produzir. Essa informação a mais, fora da TV, poderá desde esclarecer pontos que não foram bem abordados pela matéria até adicionar detalhes que não foram incluídos.

Por essa razão, o profissional de AI precisa deixar sempre preparado um material de fundo, de *background,* que possa esclarecer tanto outros jornalistas quanto o público final em relação a qualquer dúvida que possa surgir. Esse material precisa ser escrito com olhos voltados para o público: textos curtos e diretos, com formato jornalístico; vídeos curtos, com gráficos e explicações claras; áudios de, no máximo, dois minutos, com falas simples e diretas; fotos e imagens que agreguem informações. Enfim, o *website* pode – e deve – ser um excelente suporte para tudo que sair na imprensa tradicional.

Além disso, o *website* pode ter a famosa seção "Sala de imprensa". Uma sala de imprensa virtual que contém documentos, textos, imagens e números a serem fornecidos aos colegas jornalistas, a fim de que tenham condições de localizar informações e construir melhor seus trabalhos. Como esclarecem Duarte e Carvalho (2011, p. 374), o ambiente digital é um dos mais potentes pontos de contato com públicos de uma organização e precisa ser utilizado de maneira estratégica. Nesse sentido, uma das principais ferramentas é a Sala de Imprensa, que pode ser definida como o ambiente específico para relacionamento e apoio a produtores de conteúdo noticioso. Muitas vezes recebe nomes como "Notícias", "Assessoria de Comunicação", "Comunicação", "Imprensa". Como pressuposto, estes ambientes devem ser planejados para atender aos interesses e características da atividade jornalística. O ambiente, as ferramentas e o conteúdo devem se adaptar ao público que visamos. Com a Sala de Imprensa ocorre o mesmo. Mesmo com a realidade em permanente transformação, elas devem atender às demandas específicas dos jornalistas, fornecendo conteúdo útil a qualquer momento.

As salas de imprensa são ambientes exclusivos para jornalistas e há, inclusive, a exigência de um cadastro dos profissionais para acesso a elas. Uma das ações que precisam ser seguidas semanalmente, no mínimo, por um profissional de AI que tenha uma sala de imprensa *on-line* sob seus cuidados, é mantê-la atualizada, pois informação ultrapassada desmotiva os jornalistas a buscarem as informações e a produzirem matérias que possam ter seu cliente ou empresa como personagem ou fonte.

Para saber mais

O DISCURSO do rei. Direção: Tom Hooper. Reino Unido: Paris Filmes, 2010. 118 min.

Esse filme mostra muito bem como seria fazer *media training* com um rei que tem problemas para falar em público.

CHEF. Direção: Jon Favreau. EUA: Imagem Filmes, 2014. 114 min.

Filme sobre o escândalo de um *chef* nas mídias sociais depois que ele é filmado criticando um avaliador de restaurantes. O vídeo se transforma num viral e ele acaba demitido, tendo que mudar sua vida montando seu próprio negócio.

Síntese

Neste capítulo, elencamos as opções de AI nos veículos impressos (jornais, revistas e especializados), bem como no rádio, na TV e na internet. É importante lembrarmos que todos eles podem ser muito proveitosos, desde que sejam fundamentados em um relacionamento adequado com suas equipes de produção.

Mesmo que o fim dos impressos (jornais e revistas) seja pregado por muitos há tempos, essa é uma mídia que pode fornecer ampla divulgação para o assessorado. São veículos de análise mais profunda, que podem ter mais materiais e com detalhes mais bem trabalhados.

Discorremos sobre o rádio, que continua em todas as faixas, classes sociais e regiões geográficas. Para propor pautas a esse tipo de veículo, se este atingir o público do cliente assessorado, o assessor de imprensa deve ter sempre em mente a efemeridade do áudio. É preciso ser simples, descritivo e direto para que a mensagem seja bem recebida. Além disso, disponibilizar alguém da empresa para situações de interação em determinados programas é uma boa estratégia.

Tratamos em seguida sobre a TV, que conta com a imagem e demanda uma produção com maior detalhamento, exige tempo maior para a produção, iluminação de qualidade e personagens que comprovem o que está sendo dito. O profissional deve levar em consideração, ainda, a aparência do seu assessorado, preparando-o por meio de simulações, para que fique à vontade no caso de entrevistas.

Na sequência, demonstramos que, na internet, convergem todos os meios dos quais falamos anteriormente. Além de ter o texto, o áudio e a imagem fixa ou em movimento, a rede mundial de computadores é a estrela da interação. O assessor deve preparar um *website* com material de base adequado e estabelecer um sistema de resposta às mídias sociais. Não estar no ambiente virtual é não existir; entretanto, estar nela é uma faca de dois gumes: o que é postado reverbera eternamente, mas respostas não dadas podem ser mal vistas pelo público.

Questões para revisão

1. Reflita, converse com seus colegas e responda: Como você responderia a um jornalista de uma grande emissora de TV que pede a você para confirmar, em *off*, uma informação recebida e que envolve seu cliente em um escândalo financeiro? O que você diria, considerando a manutenção do relacionamento com esse jornalista, para trabalhar futuras pautas?

2. Pense em quais possibilidades de AI ou de divulgação de conteúdo poderiam ser exploradas na internet para um cliente que é produtor de maquetes de edifícios famosos. Que tipo de ações você faria para promover a imagem dele no meio *on-line*?

3. Quais seriam as vantagens de se apostar em AI no rádio? Assinale a alternativa que traz os diferenciais do veículo em relação aos outros tradicionais, como o jornal e a revista impressos ou a televisão.
   a) A comunicação é massiva, é direcionada a um amplo público.
   b) A penetração e alcance ainda são evidentemente maiores que qualquer outro meio.
   c) As análises e o trabalho de aprofundar os fatos com diferentes formatos de linguagem.

d) A possibilidade de imaginar o que está realmente sendo dito.
e) A construção didática da narrativa, usando, muitas vezes, personagens reais para contar a história.

4. Alguns cuidados estéticos são absolutamente necessários para quando o cliente do assessor de imprensa vier a responder a uma entrevista em algum programa de televisão. Nesse caso, ele está sendo convidado para participar no estúdio. No que o profissional de assessoria precisa prestar atenção, pensando em estética?
   a) Em geral, o tom de voz a ser usado é tudo.
   b) Preparar algumas fichas com o conteúdo pode ajudá-lo quando a câmera não estiver focando nele.
   c) Postura corporal e saber onde colocar as mãos nem sempre é importante. O ideal é checar a maquiagem, que precisa estar perfeita.
   d) Cuidar com cores azuis e verdes ou tecidos muito estampados, além de rosto muito brilhante.
   e) Treinar com ele a respiração poderá fazê-lo sentir-se mais calmo.

5. A internet é um campo de muitas oportunidades para a AI, desde a construção de conteúdos para mídias sociais à

convergência das plataformas que fornecem todo tipo de linguagem, além da oportunidade de construir a sua versão dos fatos que são colocados pelas mídias tradicionais. Como isso pode ser feito?

a) Por meio de sala de imprensa *on-line.*
b) Por meio de pautas para os principais portais.
c) Por meio das mídias sociais e *website.*
d) Nas respostas às perguntas dos clientes.
e) Na produção do direito de resposta.

Capítulo

06

Produtos de uma assessoria de imprensa

Conteúdos do capítulo:

- Produtos de comunicação.
- *House-organ*.

Após o estudo deste capítulo, você será capaz de:

1. compreender as outras atividades que têm correlação com o trabalho do assessor;
2. saber utilizar os produtos de comunicação;
3. produzir material para *house-organ*, rádio e TV, *website*, redes sociais e outros serviços que englobam o trabalho do assessor.

Nos capítulos anteriores, nós nos ocupamos em analisar tudo aquilo que tem referência direta ao trabalho do assessor de imprensa, que está no centro de sua atividade. Agora, abordaremos outras atividades, que não são diretas, mas que estão correlacionadas a esse trabalho. Trataremos de produtos de comunicação, *house-organ*, rádio e TV, *websites* e redes sociais e outros serviços que englobam o trabalho do assessor.

6.1 Produtos de comunicação

Sabe-se que jornalistas são treinados para trabalhar com qualquer meio de comunicação: TV, rádio, jornal, revista e, inclusive, cinema. Dessa forma, quando um assessor de imprensa presta serviço para um cliente ou empresa, ele jamais deverá dizer que só sabe se relacionar com a imprensa. O trabalho desse profissional não se restringe a esse âmbito por mais que, por si só, ele já seja bastante trabalhoso. Há muitos serviços e produtos de comunicação que podem fazer parte do escopo de trabalho do assessor, ainda mais quando ele não tem como suporte a equipe multidisciplinar da qual já tratamos. Até quando se tem parceiros das relações públicas, da publicidade ou do *marketing*, a comunicação corporativa exige que o profissional de assessoria saiba mais e trabalhe em conjunto. Por essa razão, conversaremos aqui sobre os produtos de comunicação que podem ser criados e gerenciados pelo assessor ou pela equipe com a qual ele trabalha.

Duarte (2011) reflete que, hoje, o assessor está assumindo a responsabilidade de ser gestor de equipes e de processos, e o relacionamento com a mídia é apenas mais uma das atividades desse cargo. A posição ocupada pelo assessor atualmente é mais estratégica, envolvendo, também, o relacionamento com o público interno e com a sociedade.

Empresas bem-administradas e que conhecem o valor da comunicação entendem que precisam criar e gerenciar fluxos contínuos de informação, bem como de diferentes meios e formas de se comunicar, sempre de acordo com o tipo de negócio que o cliente tem e com a estrutura interna da organização. A premissa é sempre realizar um diagnóstico, a fim de perceber que tipos de meios e canais é preciso criar para ouvir e alimentar esses públicos de informação.

Rego (1986) entende que os veículos existentes na organização poderão provocar debates e discussões sobre temáticas diversas, mas terão ali, no papel, no alto-falante ou na tela, a posição da empresa, a versão e a informação oficial, o que pode, muitas vezes, facilitar diversos processos internos e externos, tanto motivacionais quanto produtivos.

> É importante que aqueles que são responsáveis por um jornal ou revista de empresa não se esqueçam que a audiência do seu veículo não é passiva e não vai aceitar tudo que for transmitido por seu intermédio.
>
> Principalmente numa empresa, os temas veiculados através do jornal ou revista interna tendem a ser discutidos pelos membros dos diversos grupos que integram a organização. E, dessa troca de ideias, vai nascer a opinião da maioria dos indivíduos. [...] a opinião dos grupos é bastante importante na formação da opinião de cada indivíduo. (Rego, 1986, p. 21)

Um dos primeiros pensamentos que devem estar na mente do assessor é que essa comunicação precisa estar em sintonia com as ações da empresa. Como em qualquer relacionamento, se a empresa só fala e não faz, se não tem em seus líderes os primeiros cumpridores do que é proposto, toda a coerência da comunicação cai por terra. Dessa forma, é importante que você, como comunicador, mantenha o foco nas ações das lideranças: se uma liderança pede para que seja feita economia nos suplementos utilizados na empresa e é a primeira a gastar excessivamente sem ter razão para tal ou sem explicar essa escolha para os funcionários, haverá um problema sério. O público interno, principalmente, precisa ver coerência entre o que está sendo dito e o que está sendo feito, pois se espelha no comportamento dos seus líderes. Então, se o profissional de assessoria for contratado para elaborar a comunicação de uma organização e o líder não acreditar no que é dito ou não quiser cumprir o que propõe aos colaboradores, ele terá de ser avisado de antemão de que será um "tiro no pé".

O "rádio-corredor", como é chamada a prática de comentários internos a respeito da dinâmica da empresa, é eficiente para colocar tudo às claras sempre. O assessor de imprensa pode se impressionar com a rapidez com que os colaboradores passam a saber de certas iniciativas. Portanto, o profissional de assessoria estará fazendo um favor a si mesmo e ao seu cliente se não divulgar qualquer conteúdo falso. É exatamente a mesma situação que mencionamos sobre a comunicação com a imprensa: se o assessor não pode mentir, ou seja, colocar os holofotes em possibilidades de incoerência. Nesses casos, o assessor deve aconselhar seu assessorado a não falar nada, em vez de comunicar algo que não existe.

No entanto, ao perceber que a liderança da empresa está atenta e consciente de que precisa mover as coisas pelo exemplo, o profissional assessor tirou a sorte grande, porque será entendido. Além disso, se for essa a situação, certamente ele terá maior liberdade para propor qualquer tipo de comunicação e meio e para ser coerente com o que irá relatar. Então, com uma liderança que deseja inspirar de fato, é hora de você avaliar quais veículos de comunicação são mais adequados para serem criados.

Perguntas & respostas

Como criar um veículo de comunicação eficiente?

Num primeiro momento, o assessor de imprensa deve segmentar os estágios hierárquicos da empresa. Se a organização é grande e conta com uma pirâmide extensa entre chão de fábrica, supervisores e departamentos horizontais, mas com trabalhos altamente diferenciados, é importante pensar em diversos veículos de comunicação que interajam. Numa situação assim, rádio dentro da empresa, pequenos programas de TV para refeitório, impressos e espaços na internet podem ser interessantes, se forem articulados com eficiência.

Se a empresa é de médio porte, todos têm mais ou menos o mesmo *status* e trabalham no mesmo espaço físico, pode-se, então, abrir mão até do impresso. Um evento, aliado a um memorando por intranet, pode ajudar. Mas nada melhor que uma reunião pessoal, rápida e objetiva, seguida da produção de um pequeno relatório final, a ser enviado por *e-mail* a todos os colaboradores, para que lembrem do que foi discutido.

Se a empresa tem várias filiais, vários distribuidores espalhados pelos estados, a estratégia precisa ser concebida de modo a trazê-los para perto. Não é à toa que muitas dessas organizações realizam convenções anuais. Esses eventos aproximam, fazem o colega do outro lado do país ser mais palpável, mais real. Mas é necessário alimentar essa comunicação durante o ano, muito antes da convenção. Nesse caso, os impressos, os vídeos a serem partilhados em uma página específica da intranet da empresa, um espaço de fórum eletrônico ou ainda conferências via *web* podem ajudar os colaboradores a ficarem alinhados às práticas da sede.

Caso a empresa seja multinacional, adaptar a comunicação para as questões culturais regionais é uma obrigação. Essa diversidade de estilos e formatos de trabalho pode dificultar o trabalho de comunicação, mas também pode se transformar em uma riqueza identitária se forem valorizadas todas as contribuições. Em geral, a organização apresenta a identidade da matriz, mas ela pode tomar contornos diversos, dependendo de como se faz a comunicação. Aliás, dependendo de como essa estratégia de fluxo seja montada, é possível estimular um certo orgulho ou sentimento de pertencimento.

Ainda como exemplo, em campanhas de conscientização em relação a alguma temática, a estratégia pode ir desde a distribuição de brindes até a gravação e produção de vídeos, competições ou *quizzes* com premiações. A informação sempre pode vir acompanhada de outros formatos de comunicação e motivação, desde que tudo tenha coerência.

No estudo de caso a seguir, apresentamos uma história para ilustrar os conceitos aqui expostos.

Estudo de caso

A Exxon Mobil, ou Esso, já amargou problemas sérios de imagem num passado não muito distante (1989) por não ter conseguido lidar com competência comunicacional com um dos maiores acidentes ambientais da história: o vazamento de óleo cru no Alasca. Foram mais de 36 mil litros de óleo que devastaram uma área de mais de 500 mil quilômetros, uma perda imemorial para a vida marinha em dos santuários biológicos mundo.

Ainda ecoa em diversos estudos a falta de habilidade da empresa em comunicar, muito mais porque seus executivos seguem negando e apelando para os processos judiciais que multaram a companhia e a obrigaram a limpar o estrago. Aos poucos, a empresa começou uma campanha forte em todas as suas sedes em que a máxima *safety first* (segurança em primeiro lugar) está em todos os procedimentos. Os funcionários poderiam convidar um de seus familiares para visitar o local de trabalho e ter algumas instruções sobre segurança. Além disso, foram chamados palestrantes que falaram sobre segurança ao volante, em casa e no trabalho.

Esse é o tipo de estratégia que chamamos de *residual* ou *de entorno*. A ideia é, aos poucos, transferir a imagem antiga da empresa, aquela relacionada a uma grande crise, para uma nova imagem, de empresa que se preocupa com a segurança, em todos os âmbitos, inclusive na vida dos seus colaboradores.

Fonte: Elaborado com base em Villela, 1998, e na visitação da autora desta obra às instalações da empresa.

6.2 *House-organ*

Chegamos ao chamado "jornalzinho da firma". Rego (1986) afirma que o "jornalzinho", ou *house-organ*[1], era a via de mão dupla entre empresa e funcionário. Em tempos em que não havia internet à disposição, era possível, por meio desse meio, manter interação e interesse entre colaboradores.

1 Em tradução literal, significa "órgão da casa"; é um termo utilizado para se referir à comunicação interna, para as pessoas da família da empresa.

Porém, podemos afirmar que, hoje, o jornal de empresa como a única fonte de informação para que o funcionário possa se integrar aos colegas é uma escolha que se tornou obsoleta. Pense em grupos do Whatsapp©, páginas do Facebook© para cada departamento, grupos de *e-mails* de cada escritório e você notará que é preciso ser mais criativo o que imprimir um A3 frente e verso colorido, com foto e perfil do funcionário mais antigo ou uma história sobre a dona Madalena, que sempre serviu café para todos. Em geral, contar as histórias dos colaboradores ainda funciona muito bem, porque a autoestima das pessoas é estimulada e elas se reconhecem nos relatos. Entretanto, em tempos em que todos acham que têm voz porque publicam seus *posts*, é importante que a estratégia de aglutinação e integração seja conduzida de maneira mais criativa.

Para saber se o impresso ainda tem relevância, o assessor de imprensa pode fazer uma pesquisa com os colaboradores: analisar perfis, como média de idade e de escolaridade e perfil do consumo de informação, pode sinalizar a validade do investimento em um veículo impresso. Além disso, uma das missões do profissional de assessoria será conter a ansiedade de líderes, que querem o jornal "porque o concorrente também tem".

Perguntas & respostas

Qual é a missão do *house-organ*?

Comunicar as notícias específicas da empresa para seus colaboradores e demais *players*. Assim, forma-se ao redor da organização uma comunidade que tem interesses muito específicos. Nesse caso, o assessor precisa visualizar a empresa, a comunidade. Então, há critérios de noticiabilidade ou valor-notícia, que devem ser adaptados à audiência que esse veículo atingirá, ou seja, os funcionários, os colaboradores terceirizados, os fornecedores, os *stakeholders* e os familiares desses grupos.

O assessor de imprensa deve ter sempre em mente que o texto para um *house-organ* pode ser mais familiar, mas ainda precisa ser jornalístico; portanto, deve evitar usar termos como *nós*, *nossa empresa*, *nossa comunidade*, para não passar a imagem de "recados de recursos humanos". Além disso, assim como o assessor teve que estudar para saber o que é notícia para a opinião pública, ele terá que reconhecer o que é notícia para o grupo vinculado a uma organização. Mesmo assim, façamos um *brainstorming* para ajudar:

- **Planos e eventos futuros da empresa**: Dar esse tipo de notícia, mesmo que seja de maneira superficial, faz com que os funcionários não sejam pegos de surpresa e que eles se sintam como se estivessem participando dos planos da organização.
- **Máquinas novas, investimentos, reformas, novas filiais**: Apontam que a empresa está crescendo e que todos podem ter a oportunidade de crescerem junto com a organização; dá esperança.
- **Formalização de processos, como uniformes novos, lançamento de produtos, novas maneiras de se realizar uma atividade**: Em geral, essas informações são dadas em eventos especialmente organizados para que as pessoas se informem e digiram a novidade em frente. Dúvidas em geral são sanadas nesses eventos e, no *house-organ*, ratifica-se o que foi combinado anteriormente em formato de notícia, agregando mais detalhes.
- **Perfil dos funcionários**: Todo *house-organ* deve ter uma sessão parecida com essa, principalmente em empresas de grande porte, nas quais é difícil que todos se conheçam. É interessante fazer o perfil de determinadas posições, aproximando alguns personagens dos colaboradores, mostrando que eles têm vida, que têm *hobbies*. Isso usualmente faz com que os outros colegas tenham orgulho de estarem trabalhando com alguém assim e motiva a autoestima de todos

os colaboradores, pois todos têm a possibilidade de "sair no jornal". Além disso, para algumas pessoas, levar o impresso para casa para mostrar à família é muito recompensador – apesar de que, em dias atuais, é possível mostrar a reportagem na tela do celular. Depende da sensibilidade do assessor de imprensa para implementar a melhor tática.

- **Reportagens especiais relativas a campanhas temáticas**: O assessor pode propor que algumas campanhas úteis, como as relacionadas ao consumo de álcool, remédios em geral ou tabaco; ou ainda, se o seu público for majoritariamente feminino, talvez conversar sobre violência doméstica seja interessante. O jornal pode embarcar nas datas marcadas para celebração e esclarecimento de determinadas doenças, como câncer de mama e de próstata, ou ainda tratar de temas ligados a qualidade de vida, alimentação e comportamento em geral.
- **Destaques de campeonatos de esportes**: Se a empresa tem times de vôlei ou futebol que competem com outras organizações, esses são assuntos que interessam ao público interno. É como se fosse a editoria de esportes de um jornal de uma cidade.
- **Congressos, feiras ou conferências**: Laboratórios e outras empresas que trabalham com pesquisa precisam estar informados de eventos específicos da área. O *house-organ* pode reforçar a informação interna.

Esses são alguns dos temas que podem ser trabalhados no *house-organ* da empresa. E ressaltamos: ele pode ser impresso, ter a forma de *newsletter* eletrônica enviada por *e-mail* ou, ainda, utilizar-se das plataformas que produzem arquivos virtuais paginados[2].

Como em um jornal tradicional, o *house-organ* deve trazer o editorial, um texto do dirigente da empresa ponderando sobre o momento e os caminhos pelos quais a empresa está trilhando. Esse comentário do líder ajuda a aproximar o alto escalão do restante dos departamentos, pois é como se fosse a indicação do Norte de caminhada de toda a organização.

Há também, como já mencionamos, empresas que apostam no *house-organ* impresso que será levado para casa e lido pela família. Nesse caso, é válido pensar em uma seção infantil, com jogos e entretenimento. De novo, essa decisão depende do resultado da pesquisa do assessor de imprensa: se ele descobrir que 90% dos funcionários têm filhos com idade entre 6 e 14 anos, essa é uma forte opção para "editoria" do *house-organ.*

O importante é que o profisional de assessoria entenda que, em dias como os que estamos vivendo, todos os colaboradores da empresa recebem informações o tempo inteiro, por diferentes meios. O *house-organ* deve ser elaborado para ser lido, não por mera *pro forma* e, por isso, deve trazer informações válidas

2 A ferramenta ISSUU é uma delas. Disponível em: <http:// issuu.com>. Acesso em: 6 set. 2017.

para esse público, atraindo a leitura pela qualidade do que se apresenta, que deve ser útil para o público leitor.

Por fim, uma ideia interessante que pode produzir um efeito de encantamento é elaborar edições especiais do *house-organ* em eventos da empresa. Continua sendo o jornal tradicional, só que diário e em uma escala particularizada. Nesse caso, a repercussão no público normalmente é muito interessante. O projeto funciona com uma pequena redação instalada no local do evento, que faz a cobertura das ações de um dia. No dia seguinte, os integrantes desse evento recebem um jornal impresso com as notícias do dia anterior, os detalhes da ocasião e algumas fotos. Funciona muito bem para convenções de treinamentos de equipes, em que o conteúdo tratado pode ser levado para casa, impresso, a fim de se ter uma memória. Além disso, as pessoas gostam de se ver em fotos, e talvez aí resida o encanto do *house-organ*, que pode ser impresso, eletrônico, em formato de revista ou jornal. Ele sempre será atrativo pela proximidade, um dos critérios de noticiabilidade mais importantes para qualquer tipo de notícia.

6.3 Rádio e TV

Atualmente, muitas empresas estão investindo na produção de programações televisiva e de rádio próprias. Alguns autores chamam essas iniciativas de *jornalismo empresarial*, mas, independentemente do nome, é importante entender que é possível realizar programas informativos e de qualidade, ou mesmo "combos" que juntem outros tipos de promoções que a organização queira comunicar aos seus funcionários.

A indicação de qual veículo ou meio utilizar dependerá do que se encontra na organização, como já mencionamos anteriormente. Rádios costumam ter um alcance mais amplo, inclusive para as empresas que possuem filiais em regiões diversas, pois os arquivos e materiais poderão ser enviados via internet, como *podcast* ou *streaming*, e ouvidos durante o trabalho ou durante a espera no trânsito. É preciso pensar nesses espaços.

A TV, por sua vez, terá um espaço adequado se a empresa contar com salas de espera, refeitórios ou salas de café e confraternização. Também é possível apresentar programas de vídeos por meio da intranet ou de aplicativos para celular. Enfim, as possibilidades são bastante variadas e, com uma pesquisa, o assessor de imprensa poderá encontrar muitas empresas especializadas nesse tipo de produção, desde as que fazem rádio ambiente para fábricas, mesclando música com programas curtos de perguntas e respostas institucionais, até produtoras de vídeos, que criam roteiros específicos com histórias ou treinamentos e educação a distância.

Como você pode ver, há uma infinidade de possibilidades nesses meios e, mais que focar, nesta obra, em formas técnicas de se fazer rádio e TV institucionais – o que renderia outro livro –, lembramos que o profissional de assessoria pode fazer jornalismo nesses veículos, o que significa mais que entregar notícias: trata-se de encarar os públicos institucionais (clientes, funcionários, fornecedores) como audiência que pode e quer ser informada além das notícias da empresa. Explicamos: nem sempre o cliente quer saber somente dos descontos dos produtos, das vantagens de se usar isso ou aquilo ou de alguém que ficou muito feliz com o uso de um produto específico. Cliente também quer saber de literatura, política e esporte. Mas por que o assessor faria programas específicos de rádio e TV com notícias, se há vários por aí? Oras, há vários, mas não com a mediação especializada de um assessor de imprensa, não com a linha editorial representando a organização. Há espaço para inovar. Notícias curtas rodam em um vídeo no elevador de um edifício, nas telas de salas de espera do aeroporto ou podem ser veiculadas na rádio interna da fábrica. São notícias como as outras, que vêm de agências de notícias que também entregam para os veículos de comunicação de massa.

A forma de realizar o trabalho de comunição nesses casos também é sempre muito similar. O que apontamos aqui é que o assessor pode fazer rádio e TV de forma diferente, pensando nos seus públicos específicos como indivíduos holísticos. E, mais uma vez, insistimos: para isso, o profissional precisa conhecer seus públicos e interagir com eles. Dentro das organizações, muitas ideias de pautas e reportagens interessantíssimas podem nascer para serem veiculadas nos meios internos com o intuito de informar e, com isso, agregar conceitos à imagem da empresa e da comunidade do seu entorno. Para Dines (1997, p. 4-5)

> O atual processo de globalização e de competição intensa exige definições extremamente claras. Ou sabemos identificar uma opção para nós mesmos, para em seguida oferecê-la com a mesma clareza aos mercados e à sociedade, ou ficaremos para sempre envoltos em sombras e ambiguidades, portanto vulneráveis. Isso vale para grandes grupos empresariais, para instituições públicas, para profissionais, para produtos, para serviços e veículos jornalísticos, e vale também para as pessoas. As pessoas têm que se definir e também perguntar "a que vim?", "o que eu sou?", "que contribuição tenho a dar à sociedade?", "papel devo desempenhar dentro de uma organização?".
>
> São conceitos, afinal, aplicáveis ao jornalismo em veículos institucionais. É preciso atentar, contudo, que não estamos criando uma definição fechada ou nomeando autarquicamente o jornalismo institucional. Estamos falando de jornalismo, ponto.
>
> Fazemos jornalismo nas páginas de esportes, nas páginas de política, de cultura e fazemos jornalismo nos veículos empresariais. Não existe um jornalismo empresarial tout court.

> Existe o jornalismo, com as suas regras fixas e definidas, que se pratica em vários ambientes, em vários tipos de veículos. E o que é o jornalismo? Naturalmente isso exigiria um ensaio à parte, mas há uma definição rápida e simples de que gosto muito: o jornalista é o mediador entre uma realidade velozmente mutante e a sociedade que é bombardeada por uma massa cada vez maior de informações fragmentadas.
>
> O que significa mediar? Significa intermediar, fazer a interlocução, situar e contextualizar. Em termos práticos, o jornalista traduz as informações que apura de uma forma tal que o leitor – ou o telespectador ou o ouvinte – as receba e possa se situar no contexto em que elas se deram.

Na visão do autor, os jornalistas das empresas precisam entender que é possível fazer jornalismo também para os públicos da organização e que, mais que fazer simples jornalismo, em épocas de excesso de informação, as mídias institucionais podem ser uma opção interessante da curadoria jornalística, isto é, da seleção de notícias e fatos que estão acontecendo e o relato para esse público, não só pensando nele como público específico da instituição, mas sim como um público que quer ser informado e que pode estar ávido por relatos de qualidade que sejam selecionados especialmente para eles. E, claro, se há uma instituição que oferece esse benefício com qualidade, é claro que há um agregado muito positivo para a imagem institucional. Dines (1997) ainda aponta, em seu artigo, que as publicações institucionais em geral são muito segmentadas e que é necessário contextualizar, para poder humanizar: "O ser humano não é segmentado: ele é cósmico, é universal. [...] Não podemos tratar o leitor de uma publicação institucional apenas como um segmento: temos que vê-lo num conjunto de interesses maiores" (Dines, 1997, p. 5-6).

Perguntas & respostas

Como fazer rádio e TV de forma a levar o jornalismo de qualidade para dentro da empresa, a partir dos veículos de rádio e TV?

Além de dar espaço para as notícias internas, que podem se referir a questões da empresa num círculo menor, pequeno – pensemos em diversos círculos de amplitude –, o assessor de imprensa pode gradualmente ampliar para notícias para seus públicos. Então, pode contar com seu faro jornalístico e com a afinidade com esses públicos. Indubitavelmente, o profissional de assessoria precisa ser íntimo das pessoas da empresa para descobrir, por exemplo, que há uma banda formada entre diversos funcionários e que esse grupo poderia tocar na rádio institucional. Ainda pensando nesse relacionamento com os públicos, o assessor pode descobrir quais personagens são mais interessantes a essa audiência e produzir entrevistas ou materiais jornalísticos para os diversos veículos.

Os programas de TV e rádio, com uma produção jornalística adequada, podem conter, por exemplo, reportagens com o pai de algum colega de trabalho que faz bolos maravilhosos – e que ninguém conhecia –; entrevistas com líderes das comunidades que são parceiras da empresa; reportagens com os professores de uma escola que souberam como fazer os alunos participarem da manutenção de determinado espaço público – que fica ao lado da empresa. Também é possível trazer notícias distantes do entorno da organização, mas que se descubra de interesse dos seus públicos, como matérias sobre comportamento, entrevistas com especialistas em assuntos diversos (saúde, exercícios, alimentação, vestuário, moda, automóveis, economia, viagens, turismo), mesas de debates e conversas com personagens e celebridades que vinculem suas imagens aos conceitos que caracterizam a organização. Pensando em produção de jornalismo, o assessor de imprensa pode realizar a mediação entre esses públicos e a instituição, além de trabalhar conceitualmente a imagem do assessorado.

6.4
Websites e redes sociais

Conteúdo deve ser a palavra mais citada quando se trata de assessoria em *websites* e redes sociais. Porém, mais que isso, é preciso estar presente. Hoje, uma empresa que não tem *website*, não existe, definitivamente. E as que dispõem de um *website* malfeito, desatualizado, com *layout* pobre ou com ausência de informações estão se comportando muito mal em uma vitrine que não é local, mas mundial.

Por outro lado, existem as organizações que sabem que precisam investir em uma apresentação profissional na internet e ainda ofertar informação e conteúdo. O *website* e as redes sociais são, hoje, quase como o antigo cafezinho tomado com a diretoria da empresa. Por meio deles, o cliente ou fornecedor pode entrar em contato com a empresa e obter a informação que desejar. Ou melhor: deveria ser assim.

Todas as consultorias de imagem empresarial ensinam que, ao abrir um canal de comunicação, o assessor de imprensa precisa estar lá para responder, para interagir. Um exemplo: você já deve ter entrado em alguma loja que dispunha de um grande sinal na porta escrito “Estamos abertos”, e não havia alguém dentro do estabelecimento. Até que você, mesmo querendo muito comprar, desistiu e foi embora porque não encontrou quem quer que fosse para interagir, perguntar. Nesse mesmo sentido, imagine uma situação muito comum: você liga para uma empresa ou profissional para arrumar o encanamento da sua casa. Como respostas às suas questões, você ouve "não temos certeza", "não sabemos", "acho que sim", "acho que não". Não há condições de interação, não é mesmo? Você contrataria essa empresa?

Tanto *websites* quanto redes sociais precisam dispor de canais que sejam respondidos prontamente e, de preferência, por pessoas. Há *sites* que encaminham automaticamente dúvidas dos seus usuários para páginas com relações de perguntas frequentes. Em geral, boa parte das perguntas pode ser filtrada nessas seções. Se não quer interagir, o usuário irá direto para as perguntas. Mas se ele tem uma dúvida muito específica ou uma pergunta bem direta, é sempre bom ter um canal de resposta que, no máximo em 48 horas, entre em contato com o usuário. Essa é a regra número 1 de uso desses veículos. Agora, trataremos mais especificamente das possibilidades de utilização de cada um desses meios.

∴ *Website*

Na atualidade, um usuário regular tem que ter acesso a informações básicas da organização por meio do *website*. Funcionando como vitrine, ali devem constar uma apresentação institucional, o histórico da empresa, descrição de produtos e serviços e informações sobre o conceito da organização, bem como canais de contato, como *e-mail*, telefone, endereço físico e endereço das redes sociais; ou seja, o básico.

Já empresas que são frequentemente fonte de informação para a imprensa, como órgãos públicos e fornecedoras de serviços básicos (empresas de saneamento, telefonia, entre outras), precisam ter suas salas de imprensa organizadas. Nelas, é possível depositar todo o material que pode ser usado por jornalistas e deixar o espaço exclusivo para esses profissionais, por meio de cadastro e senhas.

No entanto, o *website* também pode servir para várias outras formas de interação, tanto com o público final, os clientes, quanto com outros públicos margeantes, como fornecedores, curiosos e comunidade. Para estes últimos, oferecer conteúdo (de todo tipo) é fundamental. Observe as características desse ambiente e os efeitos que ele pode provocar:

> Multimidialidade/Convergência – [...] multimidialidade, refere-se à convergência dos formatos das mídias tradicionais (imagem, texto e som) na narração do fato jornalístico. [...]
>
> Interatividade – [...] possui a capacidade de fazer com que o leitor/usuário sinta-se mais diretamente parte do processo jornalístico. [...]

> Hipertextualidade – Possibilita a interconexão de textos através de links (hiperligações). [...]
>
> Customização do Conteúdo/Personalização – Também denominada individualização, a personalização ou costumização consiste na opção oferecida ao Usuário para configurar osprodutos jornalísticos de acordo com os seus interesses individuais. [...]
>
> Memória – [...] a acumulação de informações é mais viável técnica e economicamente na Web do que em outras mídias. [...]
>
> Instantaneidade/Atualização Contínua – A rapidez do acesso, combinada com a facilidade de produção e de disponibilização, propiciadas pela digitalização da informação e pelas tecnologias [...], permitem uma extrema agilidade de atualização do material nos jornais da Web. (Palacios, 2003)

Por essa razão, um mundo informativo pode ser construído no *website* da empresa. Ter uma área com artigos publicados pelos dirigentes sobre o fazer da empresa (por exemplo, se for mineradora, falar sobre projetos ambientais e de sustentabilidade; se for de cosméticos, conteúdos voltados para empoderamento feminino) e propor conteúdo de qualidade, inclusive jornalístico, pode manter uma comunidade muito próxima da organização que consome essas informações. O *site* pode ser o espaço de coalizão, de convergência de formas de comunicação (vídeo, áudio, texto, foto) e de um público que forma a comunidade do entorno do empreendimento. Quando é constantemente alimentada de informações, de novidades, de notícias, essa comunidade acaba formando uma imagem e uma opinião sobre essa organização com base nesses conteúdos.

Redes sociais

A produção de conteúdo para as redes sociais não somente fará a empresa se comunicar diretamente com seu público – muitas vezes, sem precisar da imprensa para se estabelecer e se pronunciar –; esse trabalho permitirá que esse conteúdo seja buscado pelos jornalistas das redações. As redes sociais, como o Facebook©, o Instagram© ou o Twitter©, precisam ser administradas com uma linha lógica de atuação que defina uma identidade e um posicionamento adequado da marca, da empresa, do nome ou do personagem diante de qualquer escândalo.

O que podemos apontar como regra é que, quando se quer saber o pronunciamento e a posição de determinada empresa sobre alguma notícia ou escândalo, pedir direito de resposta nos veículos de massa não é mais a única opção. Uma resposta, obrigatoriamente, precisa constar no perfil da rede social. E o público cobrará. Então, não há como blindar as redes sociais com negociações. Mesmo celebridades que optaram por não ter um perfil em rede social precisam lidar com perfis falsos que "falam" por elas.

Nesses casos, é imprescindível que o assessor de imprensa:

- ofereça conteúdo de qualidade e, de preferência, exclusivo;
- responda sempre e com educação e ter uma atitude coerente.

Ainda no que se trata de resposta, é válido afirmarmos que, se não souber a resposta, o profissional de assessoria não deve apresentar uma solução, mas garantir que entrará em contato assim que obtiver dados mais precisos. Para ilustrar essa dinâmica, abriremos um parêntese para mais um relato.

Um bar em uma das capitais brasileiras possuía, na parede, luminosos para decoração. Um deles carregava a imagem de uma mulher com minissaia e saltos altos vermelhos, pegando algumas cervejas na parte de baixo da geladeira. O texto dizia: "mantenha a cerveja sempre na parte de baixo da geladeira". Evidentemente, as nádegas da personagem estavam em foco na foto.

Em determinada noite, havia um grupo de mulheres, já cansadas dessa objetificação para vender cerveja. Uma delas, incomodada com a foto, quando chegou em casa resolveu entrar em contato com o pessoal do bar por meio das redes sociais, sem fazer um *post*, só mandando uma mensagem *in box* e iniciando a conversa com bom senso (aqui, vale lembrarmos que mensagens em geral podem ser copiadas, podem ter *print screen*, logo, é campo minado de qualquer forma).

O mídia social (nome dado para quem está preparado para responder) respondeu em menos de 24 horas, dizendo entender a posição dela, mas que, como não tinha poder de decisão, iria falar com a gerência do bar. Altamente polido, com português perfeito e discurso ponderado. Sem julgar, sem atacar e sem prometer.

A resposta demorou dois dias e veio com a confirmação de que os gerentes entenderam e realmente se desculparam pelo luminoso.

Já o haviam retirado e agradeciam a contribuição para a melhoria da imagem do bar.

A pergunta que não deve demorar a ser respondida: Você pensa que esse grupo de mulheres virou *habitué* do bar? Sim ou com certeza? É simples. Por coincidência, esse grupo de mulheres era formado por professoras que fizeram questão de contar o quanto os profissionais desse estabelecimento foram competentes na resposta, proporcionando um aumento de clientes e uma imagem positiva diante de um grupo grande de formadores de opinião. Uma resposta adequada pode trazer todos esses benefícios. Por isso, treinamento em mídias sociais é fundamental para quem ficará no *front*, responsável pelas respostas.

Em tempo: os conteúdos produzidos nessas redes, por sua vez, podem provocar o efeito de direção inversa ao *follow-up*, já visto em muitos países: o *media catching*. No lugar de o assessor de imprensa propor pautas para a imprensa, os jornalistas o procurarão, provocados por um conteúdo postado nas redes. É assim que funciona com vídeos virais ou conteúdos realmente bons: eles reverberam.

6.5
Outros serviços (*press kit*, *mailing list*, *media training*)

Uma infinidade de outros produtos é oferecida por profissionais de assessoria de imprensa que se veem como comunicadores integrais, holísticos. Como já mencionamos, não é possível, hoje, garantir um lugar ao sol sendo um profissional que se restringe a um só nicho. A comunicação é uma necessidade em todas as organizações, e nem sempre é possível chegar aos objetivos de ajuste de imagem com algumas estratégias. É preciso saber como se faz de tudo um pouco, ou de tudo um muito.

Duarte (2011) explica essa amplificação do papel do assessor citando diversos serviços e produtos que podem ser oferecidos por esse profissional enquanto trabalha o relacionamento com os colegas jornalistas das redações. Entre eles estão os que já apresentamos em capítulos anteriores, como a construção de meios de comunicação internos ou específicos para outros públicos que se relacionam com a organização. Especificamente dentro da assessoria de imprensa (AI), diversas outras tarefas devem ser realizadas com a mesma diligência com que a relação com os jornalistas e o envio de *releases* são feitos. Entre elas, estão:

- A análise dos noticiários.
- O apoio a eventos que são produzidos por outras áreas da comunicação, como relações públicas e publicidade.
- A própria administração da assessoria, se ela for uma célula dentro da empresa que tem seu próprio orçamento ou se ela for uma agência contratada.
- A criação e a manutenção de um arquivo histórico que reúna principais notícias e fatos da organização, além de fotos atuais de todos os executivos e dos eventos já realizados.
- A promoção de concursos para jornalistas e outros públicos que premiem relatos sobre determinado conhecimento que envolva a empresa ou com temáticas ou conceitos associados à imagem.
- O encontro entre contatos estratégicos e outros parceiros comunicadores.
- A prospecção e a pesquisa de jornalistas e de novos veículos.
- A criação de manuais e materiais de suporte para outras áreas no que concerne à redação de material e ao comportamento

perante crises de imagem e, ainda, sobre como lidar com a imprensa;

- A criação e a redação de artigos ou publieditoriais em nome dos dirigentes.

Enfim, a lista é vasta e, como já afirmamos aqui, sempre dependerá de cada *briefing*, de cada objetivo, de cada situação e do tamanho de cada organização. A AI é como um trabalho de alfaiate: tem que ser sob medida. Por isso, trataremos aqui dos instrumentos mais comuns que permeiam a assessoria, tão importantes para ela quanto a linha e o tecido para o alfaite.

Auditoria de imagem

Um dos trabalhos que o assessor de imprensa pode fazer como contratado – ou contratar para embasar seus planos – é a auditoria de imagem. Esse tipo de avaliação mede a reputação de uma empresa, uma marca ou um assessorado diante de diversos públicos. Ressaltamos neste ponto: a auditoria não é o *clipping*. Ela mede como está sendo vista a marca da organização pelos meios de comunicação, por seu público interno e, ainda, pela opinião pública (Auditoria de Imagem, 2017). São diversas metodologias usadas para cada público.

Para avaliar a imagem nos meios de comunicação, o auditor realiza uma análise de todas as notícias que são publicadas a marca, sobre os concorrentes e os produtos da empresa, leva em conta se as publicações são positivas ou negativas e posiciona a reputação da organização em relação a esses padrões de mensuração. Por exemplo: se o cliente que contrata o auditor é dono de uma fábrica de tintas, até mesmo matérias sobre o quanto uma tinta contamina o meio ambiente acabam entrando nessa avaliação de reputação, porque impacta, de certa maneira, o negócio e o produto do cliente.

Já para fazer a pesquisa no público interno ou com a opinião pública, é possível lançar mão tanto de questionários quanto de grupo focal, dependendo do número de pessoas pesquisadas.

Monitoramento

É possível que o assessor de imprensa tenha diferentes formas de controlar os resultados do seu trabalho e de planejá-lo, mas, para fazer isso, ele precisa de dados nos quais se basear e embasar as escolhas das novas ações e estratégias. Para isso, ele tem de criar formas de monitoramento tanto do seu desempenho quanto do cenário geral de notícias envolvendo fatos globais que influenciarão direta ou indiretamente a imagem da organização. O profissional de assessoria deve levar em consideração até mesmo o desempenho dos concorrentes diretos nas notícias e na construção da imagem na imprensa e na opinião pública. Para isso, algumas ferramentas podem ser úteis:

- Análise do noticiário, com seleção aleatória ou planejada de notícias. Uma ideia de metodologia é escolher, entre os veículos que dispõem de maior alcance ou são mais importantes para seu cliente, um para ser inteiramente lido, ouvido ou assistido por um dia.
- Um documento que mensura a tendência de notícias publicadas, considerando a temática mais presente e o tipo de abordagem realizada nas matérias (positiva, negativa ou neutra, ou, ainda, uma análise mais qualitativa), pode ser produzido para futura comparação. Nesse caso, o assessor precisa sempre fazer um protocolo com variáveis para serem comparadas entre um documento e outro.
- *Clipping*, que pode andar de mãos dadas com a análise. Quantidade de publicações, posições e espaços ocupados e tipos de destaques dados podem ser avaliados a partir daí. A comparação com valores de publicidade pode dar noção de monetarização desse espaço ocupado tanto pelo cliente quanto pelos concorrentes ou parceiros de influência.
- Por meio da internet, essa análise e essa visualização de tendências são muito mais rápidas, pois o profissional de assessoria pode utilizar *softwares* e aplicativos específicos que estão constantemente sendo aperfeiçoados. Muitos deles podem ser baixados gratuitamente ou estão disponíveis para uso *on-line*, como o Google Analytics, mas há ainda vários outros que podem ser contratados diretamente com os desenvolvedores.

O registro dessas avaliações, tendências e progressões precisa ser feito em relatórios periódicos, e a leitura desses relatórios dará a visão geral que o assessor precisa ter para mostrar para seu cliente como seu trabalho está evoluindo e como planejar os próximos passos a partir de dados concretos.

Mailing

Gerenciar o *mailing* de contatos de mídia nem sempre é uma tarefa fácil, ainda mais com a rotatividade atual das equipes. Há jornalistas que entendem como uma perda de tempo checar os contatos das redações, mas é fundamental que o material seja enviado à pessoa certa com o apelo correto. Se não é possível estabelecer um relacionamento próximo com cada jornalista a ser contatado, pelo menos é necessário saber quem cuida de cada editoria e quem são os repórteres e pauteiros, principalmente.

Cuidar do *mailing* para mandar o material adequado para cada editoria ou veículo é um dos trabalhos mais estratégicos porque, se o assessor não tiver um *mailing* adequado e achar que pode enviar as notícias para todo mundo, está perdendo seu tempo, o do cliente e o dos jornalistas. Existem alguns *softwares*[3]

3 Um *software* usado atualmente por PRs americanos é o Listserv. No Brasil, a empresa Maxpress produz *softwares* de *mailings* de imprensa e de governos de acordo com a necessidade de cada assessor. A área tem atualização rápida e novos sistemas estão sendo lançados todas as semanas.

que podem ser usados no gerenciamento das informações para grupos de destinátarios, mas as próprias redes sociais podem ajudar nesse processo. Um exemplo que pode ser usado é a criação de grupos de interesse no Facebook©.

Press kit

Um bom *press kit* é composto por textos informando sobre um evento, por exemplo, fotos de qualidade salvas em um *pendrive*, vídeos ou cartazes e *tickets* para o evento; ou, então, um caderno com diversos dados e estatísticas reunidos, como em um dossiê. Portanto, deve ser formado por todos os itens que possam agregar informações, materiais e suportes para se realizar uma boa reportagem.

Construir um *press kit* demanda bastante empenho e muito cuidado com a finalização do material e com o *layout* do pacote. É possível incluir pequenos brindes, como blocos de anotação, canetas e materiais que sejam do uso cotidiano do jornalista e que não configurem um presente ou a compra do espaço no veículo.

Media training

Mais cedo ou mais tarde, o assessorado falará com a imprensa. Também é possível, que visitas de jornalistas sejam uma constante na empresa. Por esses motivos, todo mundo precisa saber como se comportar diante das câmeras ou do olhar clínico de alguém que busca informações e percebe detalhes. Assim, é necessário realizar o *media training*, que deve ser

> entendido como uma tarefa essencial em um trabalho de assessoria de comunicação, faz parte de suas atividades. Consiste em mostrar, na prática, como funciona uma entrevista com um profissional de imprensa. Faz-se uma espécie de laboratório de jornalismo. O entrevistado se vê diante de situações que vai enfrentar. (Chinem, 2003, p. 39)

Essa espécie de treinamento inclui contar como funciona um veículo de comunicação, como pensa um jornalista, o que ele busca naquela coletiva ou na visita que fará. É importante, também, comentar sobre o que esses profissionais gostam de ouvir, o que se encaixa no escopo do que é um valor-notícia e o que é um texto jornalístico. O *media training* pode ser feito de forma individual ou coletiva, dependendo da necessidade percebida e do planejamento realizado.

Duarte (2009, p. 60) apresenta uma explicação detalhada sobre esse treinamento:

> **Capacitação contínua**: preparação rotineira realizada pela equipe de comunicadores para ajudar fontes e porta-vozes a atender jornalistas e aproveitar ao máximo cada contato com

> a imprensa. Pode incluir elaboração de mensagens-chave e formas de abordar um assunto, fornecimento de subsídios (perguntas & respostas, briefing, documentos de posição, sínteses), algum tipo de simulação, orientações sobre uma situação específica. Leva em consideração o conjunto do noticiário do dia e a perspectiva de abordagem da imprensa. Cada entrevista ou encontro com jornalistas é tratado como oportunidade de apresentar e explicar ideias, políticas e ações. A capacitação contínua ocorre também na fase pós-entrevista. É o momento de uma avaliação sistemática, com análise da entrevista e sua veiculação, a atuação da assessoria, identificação dos pontos fortes e das vulnerabilidades das mensagens, bem como do próprio desempenho da fonte. É o modelo ideal, mesmo que complementado por outro.

Duarte (2011) indica ainda oficinas e palestras como boas opções para treinar as equipes internas de uma empresa ou um assessorado celebridade ou autônomo para cultivar bem seus contatos. Muitos órgãos públicos e grandes organizações possuem manuais impressos e *on-line* para distribuir entre seus funcionários.

Desmistificar boa parte das crenças relacionadas à imprensa e, principalmente, desmontar o comportamento de tietagem com repórteres televisivos são também alguns dos objetivos do *media training*. No entanto, o destaque desse treinamento é deixar todos os envolvidos no processo confortáveis com as perguntas que serão feitas, com a exposição. Por isso, estudos de caso e avaliações sobre melhoras que podem ser realizadas são bem-vindos. Os objetivos do *media training* são claros: capacitar o cliente do assessor de imprensa para estreitar relacionamentos com jornalistas e para adquirir a habilidade de ser natural diante deles.

Para saber mais

JERRY Maguire: a grande virada. Direção: Cameron Crowe. EUA: Sony Pictures, 1996. 138 min.

Nesse filme, um agente esportivo tem uma visão crítica sobre como se deve tratar jogadores de futebol americano e, por isso, é despedido. Ele acaba tendo um único cliente com o qual trabalha para promover sua imagem.

HANCOCK. Direção: Peter Berg. EUA: Sony Pictures, 2008. 92 min.

Esse filme conta a história de um anti-herói que tem grandes poderes, mas uma reputação horrível quando os utiliza. Surge, então, um relações públicas que acredita que pode ajudá-lo a melhorar sua imagem.

Síntese

Neste capítulo, abordamos produtos de comunicação que muitas vezes ficam sob a responsabilidade do assessor de imprensa na organização. Além disso, demonstramos que o jornalismo pode estar inserido em todas as atividades, agregando conteúdo e informação para os diversos públicos relacionados à organização. Explicitamos, ainda, como e quando fazer um *house-organ* ou elaborar programas de rádio ou TV internos e como produzir e gerenciar *websites* e conteúdos para redes sociais. Por fim, tratamos de missões específicas que o assessor de imprensa terá de assumir concomitantemente ao processo de relacionamento com os jornalistas.

Engana-se quem pensa que a missão do assessor resume-se ao relacionamento com a imprensa. Quando ele é o comunicador de uma organização, precisa levar em conta que há um público interno específico a ser trabalhado, mas há mais a fazer – e foi isso o que tentamos apresentar aqui.

O ponto central deste capítulo é fazer entender que o *house-organ* pode ser um veículo interessante de jornalismo e que mesmo as produções de rádio e TV para o público interno, para clientes e fornecedores e para a comunidade do entorno podem trazer notícias também de fora da organização.

Também discutimos aqui inúmeros outros produtos que podem ser gerenciados pela AI, incluindo visitas para jornalistas, uso da internet para as relações internas e cuidados a serem tomados na produção de conteúdo e de resposta para os diversos tipos de públicos. Em resumo: o assessorado ou empresa assessorada está em uma vitrine à qual todos os públicos – não só os jornalistas – podem ter acesso. A comunicação é uma grande rede com vários nós e, por essa razão, a atenção a essa exposição é determinante.

Questões para revisão

1. Seu cliente é uma fábrica de sabonetes do interior de Minas Gerais. Tradicional, está há 50 anos no mercado e é familiar. A gerente atual, neta da fundadora, insiste que gostaria de ter um *blog* além do *site*. Que tipo de conteúdo você colocaria no *blog*? Com qual periodicidade e de que maneira você o promoveria? Crie um texto explicando suas razões e debata em sala.

2. Pense nos últimos problemas de imagem que aconteceram nas redes sociais (pode ser com empresas ou com celebridades). Se você estivesse no lugar dos assessores de imprensa ou dos comunicadores desses clientes, como você gerenciaria essas plataformas em meio à crise? Proponha um plano de respostas e posicionamento na internet.

3. O *mailing list* que um assessor de imprensa precisa gerenciar contém essencialmente:
   a) jornalistas, seus cargos, suas funções e os veículos a que pertencem, somente.
   b) pauteiros, mas somente os dos veículos de massa com maior alcance.
   c) todas as pessoas com as quais se mantém relações institucionais, inclusive concorrentes.
   d) públicos de interesse e formadores de opinião com informações adicionais que ajudem no envio de material e *follow-up*.
   e) dependerá do cliente, do objetivo e da estratégia a ser estabelecida.

4. O monitoramento e a mensuração midiática têm como principal objetivo:
   a) mostrar ao cliente por que a assessoria faz um bom trabalho.
   b) avaliar se os *releases* estão sendo bem escritos.
   c) munir o comunicador de dados para traçar novas estratégias.
   d) comparar se a publicidade está dando mais resultados.
   e) posicionar o valor dos produtos do cliente no mercado.

5. Em quais situações o *media training* deve ser realizado?
    a) Sempre que houver uma entrevista a ser feita.
    b) Quando colaboradores da empresa puderem ser contatados por um jornalista.
    c) Sempre que o assessor de imprensa mandar algum *release*.
    d) Quando o jornalista procura um dirigente que não sabe se portar corretamente diante de câmeras e jornalistas.
    e) Quando o assessor de imprensa começa a trabalhar na empresa.

Para praticar

Você foi contratado para trabalhar com a assessoria de comunicação de uma empresa familiar que conta, na diretoria, com o pai fundador e dois filhos – um homem e uma mulher – que gerenciam especificamente finanças e vendas. A organização é uma produtora de caixas de papelão, de vários tamanhos, que vende seus produtos para lojas de embalagem padrão, mas também produz versões com tamanhos específicos para outras indústrias acondicionarem seus produtos. Além disso, a empresa dispõe, no administrativo, de uma equipe de 30 pessoas e, na fábrica, que fica no mesmo espaço geográfico, uma equipe de 100 pessoas. No geral, na fábrica, 40% dos funcionários são mulheres. No escritório, 80% são mulheres. A idade na fábrica varia de 18 a 35 e no escritório de 28 a 57. Fundada há 15 anos, a comunicação da empresa foi realizada de maneira tradicional, com o departamento de Recursos Humanos produzindo um informe interno e para alguns clientes. Nunca houve um departamento de comunicação ou alguém para gerenciar procedimentos de comunicação. A filha decidiu, por vontade própria, fazer um perfil de Facebook© da organização e, de vez em quando, sem muita regularidade, posta algumas fotos das caixas, mostrando novos formatos e novos tamanhos ou informações sobre novos clientes conquistados. O RH também é responsável por uma confraternização no final do ano, que geralmente é um churrasco de almoço em que familiares dos colaboradores são convidados.

A relação com a imprensa nunca foi provocada. Já houve algumas matérias produzidas, principalmente pelo jornal da cidade (de 500 mil habitantes) onde a empresa está instalada; o perfil do fundador e a história da empresa já foram publicados em uma revista especializada da área de papel.

A empresa dispõe, ainda, de um *website,* cujo menu conta com os seguintes itens: Quem somos (com a história e algumas fotos da evolução da fábrica), Produtos (fotos e tamanhos descritivos das caixas que já foram produzidas), Depoimentos de clientes e Contato. O *layout* é moderno, mas o conteúdo do *website* é simples.

Você foi contratado porque a organização quer abrir o capital dela e começar a vender ações na bolsa de valores. A família entende que já é hora de ter um departamento de comunicação para gerir tanto a comunicação institucional e interna quanto com a imprensa. Os gestores possuem pouca informação sobre seus colaboradores, a não ser o relacionamento pessoal promovido pelo pai-fundador.

Considerando esse contexto, por onde você começaria a trabalhar? Como seria o seu plano de trabalho? Em que frentes você atuaria?

Explique, estabelecendo um calendário, quais seriam os passos que você daria e as ações que executaria para construir um plano de comunicação adequado aos objetivos da empresa. Em seguida, responda:

a) Como você realizaria a conversa inicial com a família? Que informações seriam importantes de ser coletadas?
b) Você procuraria o arquivo histórico da empresa? Por quê? Se sim, o que faria com ele?
c) Que tipo de estratégia você usaria para coletar informações sobre o perfil dos funcionários? E que informações seriam importantes para seu trabalho?
d) Como você trabalharia as redes sociais? Manteria um perfil no Facebook©, excluiria ou produziria uma *fan page*? Por quê? Como seria a atualização dessa rede social caso você escolhesse usá-la? Que conteúdo você colocaria nela?
e) Que tipo de melhorias você faria no *website* da empresa, pensando na entrada no mercado de valores mobiliários?
f) Como você abordaria a imprensa? Que tipo de notícias poderiam ser provocadas com seus *releases*?
g) Que veículos fariam parte do seu *mailing* e quais editorias? Por quê?
h) Que tipo de ações você poderia fazer em conjunto com o departamento de Recursos Humanos e como você gerenciaria a relação com essa equipe?
i) Que serviços você ofereceria para os líderes da empresa?
j) Como você se comunicaria com os colaboradores?

Para concluir...

Chegamos ao final da nossa obra e temos certeza de que ela serviu para provocá-lo a ir em frente e pesquisar mais sobre os assuntos que lhe interessaram em relação à assessoria de imprensa (AI). Uma das primeiras questões sobre as quais tratamos foi o posicionamento do assessor de imprensa no mercado e em relação à própria profissão. Procuramos esclarecer, nesta obra, que o assessor de imprensa deve ser um jornalista e este nada deve em relação aos seus colegas das redações. Se antes pensava-se ser uma posição secundária, hoje a AI é vista como fundamental para as empresas, instituições e personagens, incluindo pessoas físicas e celebridades.

Com base nos casos tratados aqui, demonstramos que há um campo de atuação imenso para o profissional que deseja ser assessor de imprensa, com uma variedade de estratégias e de meios de comunicação, cada qual com as suas especificidades, seus propósitos e suas formas de produzir conteúdo.

Em nosso breve tempo juntos, procuramos mostrar para você que trabalhar com AI exige planejamento e diagnóstico acurado da clientela, que há uma variedade de formatos de assessoria, tanto em relação ao negócio quanto ao tipo de clientela, e que todas guardam suas especificidades. Tratamos das questões éticas e abordamos a temida crise de imagem, que pode acontecer quando menos se espera, elencando as ferramentas mais adequadas na hora de dirimir os efeitos da perda de credibilidade.

Apresentamos as relações com os diferentes veículos de comunicação e os detalhes importantes para se ter em conta ao emplacar uma notícia em cada um desses meios. Também explicamos como elaborar conteúdo para os veículos internos das organizações, sejam eles *house-organ*, revista, rádio, TV ou internet.

Conforme já mencionamos, o objetivo não foi fazer um tratado de aprofundamento sobre técnicas de AI, mas oferecer uma visão geral da dinâmica dessa área profissional. Há dezenas de publicações que aprofundam o que apresentamos aqui e que trazem outras visões e perspectivas a respeito dos assuntos de que tratamos.

Depois de tudo sobre o que discutimos, podemos afirmar que, como principal conceito, você deve ter percebido que o bom comunicador precisa estar sempre atento às mudanças sociais, às novas formas de pensar, às novas maneiras de se fazer comunicação, às novas tecnologias existentes para agregar habilidades. Em tempos de sociedade da informação, cada vez mais as empresas precisarão de comunicadores inteiros, holísticos, que saibam de processos, que entendam dos meandros da comunicação e, mais ainda, que se sensibilizem a ponto de entenderem que são pontes: pontes entre empresa e seus públicos, como clientes, *stakeholders*, comunidade do entorno, entre a empresa e a sociedade, muitas vezes filtrada pela imprensa. Não há mais espaço para profissional restrito a um âmbito único. Pontes não escolhem quem irá passar por elas.

Evitamos, nesta obra, propor estratégias ou ferramentas muito datadas, uma vez que a área é dinâmica e, por isso, determinados instrumentos ou *softwares* podem se tornar ultrapassados muito rapidamente. Talvez essa seja a beleza da área: ela está em constante transformação, pois precisa acompanhar as tecnologias, os formatos de comunicação, as empresas e suas formas de se relacionar.

Contudo, a despeito da constante transformação, certamente há algo que dificilmente se tornará velho e ultrapassado: a relação com seres humanos. Mesmo com algoritmos avançados, que podem captar por expressões-chave o conteúdo existente em determinado *trend* do Twitter©, apesar de complexas formas de se monitorar a imagem de uma organização, apesar de já possuirmos telas de TVs que são automaticamente ligadas ao movimento, todas essas criações são baseadas em um único "mecanismo": o ser humano. É ele quem constrói os textos, pesquisa e propõe. É ele quem posta no Twitter© a impressão sobre o comportamento de determinada marca, quem passa na frente da TV para que esta ligue, e a programação ali construída será produzida pensando no ser humano.

Então, sempre serão as pessoas que estarão nas redações avaliando o que é notícia ou não. Serão pessoas que precisarão ser assessoradas para garantir uma imagem decente, que irão julgar o seu trabalho: logo, é o assessor de imprensa que se relacionará com pessoas. Então, depois de tudo o que apresentamos aqui, é válido deixarmos um preceito máximo para quem quer trabalhar com AI: não perca de vista o ser humano em tudo o que você faz. Haverá vários deles em todas as empresas, com histórias específicas, com vontades, com planos, com projetos. E eles podem fornecer muitos materiais interessantes, marcadamente jornalísticos, mas eles também poderão ajudar o assessor a ser um ser humano melhor e um profissional melhor.

O assessor de imprensa deve usar todos os *gadgets*, todas as técnicas, as modernas formas de se relacionar, mas nunca se esquecer de que, do outro lado, há um indivíduo tentando fazer pontes, tentando produzir um material, tentando fazer a roda girar. A AI conta com muito mais gente do que "material publicável". E o profissional de assessoria, sendo bom em lidar com pessoas, certamente saberá lidar com todo o resto.

Referências

ABRAMO, C. **A regra do jogo**: o jornalismo e a ética do marceneiro. São Paulo: Companhia das Letras, 1997.

AMARAL, L. Assessoria de imprensa nos Estados Unidos. In: DUARTE, J. A. M. (Org.). **Assessoria de imprensa e relacionamento com a mídia**: teoria e técnica. São Paulo: Atlas, 2002. p. 52-68.

ANDERSON, C. **A cauda longa**: do mercado de massa para o mercado de nicho. São Paulo: Elsevier-Campus, 2006.

AUDITORIA DE IMAGEM. **Conceitos**: auditoria de imagem. Disponível em: <http://www.auditoriadeimagem.com.br/auditoriadeimagem/conceitos/auditoriadeimagem.php>. Acesso em: 25 ago. 2017.

BOURDIEU, P. **Sobre a televisão**. Rio de Janeiro: Zahar, 1997.

BRASIL. Ministério da Educação. Portaria n. 203, de 12 de fevereiro de 2009. **Diário Oficial da União**, Poder Executivo, Brasília, 12 fev. 2009. Disponível em: <http://portal.mec.gov.br/index.php?option=com_docman&view=download&alias=14111-pces039-13&category_slug=setembro-2013-pdf&Itemid=30192>. Acesso em: 4 set. 2017.

BUCCI, E. **A imprensa e o dever da liberdade**: a independência editorial e suas fronteiras com a indústria do entretenimento, as fontes, os governos, os corporativismos, o poder econômico e as ONGs. São Paulo: Contexto, 2009.

CARVALHO, C.; REIS, L. M. A. **Manual prático de assessoria de imprensa**. Rio de Janeiro: Elsevier, 2009.

CHAPARRO, C. Cem anos de assessoria de imprensa. In: DUARTE, J. A. M. (Org.). **Assessoria de imprensa e relacionamento com a mídia**: teoria e técnica. São Paulo: Atlas, 2002. p. 33-51.

CHAPARRO, C. Cem anos de assessoria de imprensa. In: DUARTE, J. A. M. (Org.). **Assessoria de imprensa e relacionamento com a mídia**: teoria e técnica. 4. ed. São Paulo: Atlas, 2011. v. 1. p. 3-21.

CHINEM, R. **Assessoria de imprensa**: como fazer. São Paulo: Summus, 2003.

CORAÇÃO de cavaleiro. Direção: Brian Helgeland. EUA: Columbia Pictures, 2001. 140 min.

CORRADO, F. **A força da comunicação**: quem não se comunica... São Paulo: Makron Books, 1994.

DAMIANI, M. Mídia na mira. **Isto é Dinheiro**, Negócios, 27 abr. 2001. Disponível em: <http://www.istoedinheiro.com.br/noticias/negocios/20010427/midia-mira/22337>. Acesso em: 25 ago. 2017.

DINES, A. Os desafios da mídia institucional. **Comunicação Empresarial**, ano 7, n. 22, 1997. Disponível em: <http://www.caduxavier.com.br/mackenzie/arq/7/a-dines.pdf>. Acesso em: 25 ago. 2017.

DUARTE, J. A. M. Assessoria de imprensa no Brasil. In: DUARTE, J. A. M. (Org.). **Assessoria de imprensa e relacionamento com a mídia**: teoria e técnica. 4. ed. São Paulo: Atlas, 2009. p. 51-76. v. 1.

_____. Produtos e serviços em assessoria de imprensa. In: DUARTE, J. A. M. (Org.). **Assessoria de imprensa e relacionamento com a mídia**: teoria e técnica. 4. ed. São Paulo: Atlas, 2011. p. 236-255. v. 1.

DUARTE, J. A. M.; CARVALHO, N. Sala de imprensa online. In: DUARTE, J. A. M. (Org.). **Assessoria de imprensa e relacionamento com a mídia**: teoria e técnica. 4. ed. São Paulo: Atlas, 2011. p. 370-386. v. 1.

DUARTE, J.; DUARTE, M. Y. M. Papel e atuação de jornalistas e relações públicas em uma organização, segundo jornalistas. In: CONGRESSO VIRTUAL DE COMUNICAÇÃO EMPRESARIAL, 1.; CONGRESSO BRASILEIRO DE COMUNICAÇÃO EMPRESARIAL, 18. **Animus**, Santa Maria, v. 5, p. 129-148, 2006. Disponível em: <http://www.comtexto.com.br/convicomartigoJorgeMarciaRPjornalista.htm>. Acesso em: 25 ago. 2017.

DUARTE, J. A. M.; MEDEIROS, A. Media training: capacitando fontes e porta-vozes. In: DUARTE, J. A. M. (Org.). **Assessoria de imprensa e relacionamento com a mídia**: teoria e técnica. 4. ed. São Paulo: Atlas, 2011. p. 356-369. v. 1.

FENAJ – Federação Nacional dos Jornalistas. **Código de Ética dos Jornalistas Brasileiros**. Vitória, 4 ago. 2007a. Disponível em: <http://fenaj.org.br/wp-content/uploads/2014/06/04-codigo_de_etica_dos_jornalistas_brasileiros.pdf>. Acesso em: 25 ago. 2017.

_____. **Manual de assessoria de comunicação/imprensa**. 4. ed. rev. e ampl. Brasília, 2007b. Disponível em: <http://fenaj.org.br/wp-content/uploads/2014/03/manual_de_assessoria_de_imprensa.pdf>. Acesso em: 25 ago. 2017.

FERRARETTO, E. K.; FERRARETTO, L. A. **Assessoria de imprensa**: teoria e prática. 5. ed. rev. e atual. São Paulo: Summus, 2009.

GIUVANUSI, R. **Entrevista concedida a Nivea Canalli Bona sobre Assessoria de Imprensa**. Curitiba, 2016.

KALKEREN, J. van. Is there such a Thing as European Public Relations? **PR Conversations**, 25 out. 2010. Disponível em: <http://www.prconversations.com/is-there-such-a-thing-as-european-public-relations/>. Acesso em: 25 ago. 2017.

KUNSCH, M. M. K. Jornalismo e relações públicas: dos limites fronteiriços para uma ação integrada nas organizações. In: LOPES, B.; VIEIRA, R. F. **Jornalismo e relações públicas**: ação e reação. Rio de Janeiro, Mauad, 2004.

LOPES, A. **Entrevista concedida a Nivea Canalli Bona por Facebook**. Curitiba, 2016.

MAFEI, M. **Assessoria de imprensa**: como se relacionar com a mídia. São Paulo: Contexto, 2012.

MATSUKI, E. Messi autista é boato: argentino não tem Síndrome de Asperger. **Boatos.org**, Esporte, 15 jul. 2014. Disponível em: <http://www.boatos.org/esporte/messi-autista-e-boato-argentino-nao-tem-sindrome-de-asperger.html>. Acesso em: 25 ago. 2017.

MEPRA – Middle East Public Relations Association. **Articles**. Disponível em: <http://www.mepra.org/knowledge/articles/>. Acesso em: 25 ago. 2017.

MICK, J. (Coord.). **Quem é o jornalista brasileiro?** Perfil da profissão no país. Fenaj; UFSC, 2012. Disponível em: <http://www.fenaj.org.br/wp-content/uploads/2016/01/pesquisa-perfil-jornalista-brasileiro.pdf>. Acesso em: 25 ago. 2017.

MOUTINHO, A.; SOUSA, P. Assessoria de imprensa na Europa. In: DUARTE, J. A. M. (Org.). **Assessoria de imprensa e relacionamento com a mídia**: teoria e técnica. São Paulo: Atlas, 2002. p. 69-80.

NESSMANN, K. Public Relations in Europe: a Comparison with the United States. **Public Relations Review**, v. 21, n. 2, p. 151-160, 1995. Disponível em: <http://wwwu.uni-klu.ac.at/knessman/download/PR%20in%20Europe%20-%20Karl%20Nessmann%20-%201995.pdf>. Acesso em: 25 ago. 2017.

NEVES, R. de C. **Comunicação empresarial integrada**: como gerenciar imagem, questões públicas, comunicação simbólica, crises empresariais. 3. ed. Rio de Janeiro: Mauad, 2015.

OLIVEIRA, B. T. **Entrevista concedida a Nivea Canalli Bona por Facebook**. Curitiba, 1º dez. 2016.

O PAPAI NOEL foi criado pela Coca-Cola? Saiba origens do Natal. **Terra**. Disponível em: <https://noticias.terra.com.br/educacao/voce-sabia/o-papai-noel-foi-criado-pela-coca-cola-saiba-origens-do-natal,6008aaccde6da310VgnCLD200000bbcceb0aRCRD.html>. Acesso em: 19 ago. 2017.

PALACIOS, M. Ruptura, continuidade e potencialização no jornalismo online: o lugar da memória. In: MACHADO, E.; PALACIOS, M. (Org.). **Modelos do jornalismo digital**. Salvador: Calandra, 2003. Disponível em: <https://www.facom.ufba.br/jol/pdf/2003_palacios_olugardamemoria.pdf>. Acesso em: 18 set. 2017.

REGO, F. G. T. do. **Comunicação empresarial/comunicação institucional**: conceitos, estratégias, sistemas, estrutura, planejamento e técnicas. São Paulo: Summus, 1986.

SÃO PAULO (Estado). Ministério Público. Procuradoria Geral de Justiça. **Guia Prático de Relacionamento com a Imprensa**. 2009. Disponível em: <http://www.mpsp.mp.br/portal/page/portal/Cartilhas/GuiaPratico%20Relacionamento%20Imprensa.pdf>. Acesso em: 25 ago. 2017.

SZKLO, H. **Você é criativo, sim senhor!** São Paulo: Jaboticaba, 2013.

TERRIBILI FILHO, A. O uso dos sentidos na retenção da informação. **Webinsider**. 4 set. 2008. Disponível em: <https://webinsider.com.br/2008/09/04/o-uso-dos-sentidos-na-retencao-da-informacao/>. Acesso em: 25 ago. 2017.

VILLELA, R. **Quem tem medo da imprensa?** Como e quando falar com jornalistas. Rio de Janeiro: Campus, 1998.

Respostas

Capítulo 1

1. Resposta pessoal. Entre as respostas possíveis, você poderá citar: encontrar notícias e fatos sobre o assessorado e ajudá-lo a publicá-las, prepará-lo para entrevistas com a imprensa, ler e analisar o que foi publicado sobre o assessorado e seus concorrentes, organizar e acompanhar o assessorado em coletivas, entre outras iniciativas.
2. Resposta pessoal. Essa questão deverá ser respondida com base no que há nos noticiários no momento do estudo. Você deverá encontrar uma empresa ou personalidade sobre a qual tenha sido publicada alguma notícia negativa (por exemplo: tratou mal um cliente). Então, sugira formas de recuperar a imagem dessa empresa ou personalidade, como a produção de um comunicado oficial, um pedido de desculpas, um novo treinamento de funcionários para que esse evento não se repita. As respostas podem ser variadas e a questão serve realmente para uma provocação à reflexão sobre como está a imagem de algumas organizações e personalidades.
3. b
4. d
5. c

Capítulo 2

1. Resposta pessoal. Aqui, esperamos que você aponte uma organização ou personalidade na qual não acredita e mostre como lidaria com a situação de trabalhar na promoção de uma imagem positiva dessa empresa, mesmo que essa busca por notícias positivas entre em conflito com suas crenças e valores ou, ainda, com a imagem que você, tem da organização ou personalidade.
2. Resposta pessoal. Aqui, você deve escolher entre os formatos de assessoria (de clientes) apresentados no capítulo e argumentar, explicando por que se sente mais confortável trabalhando para uma empresa, uma celebridade, um profissional autônomo, um candidato político ou ainda uma instituição sem fins lucrativos. Os argumentos poderão variar desde o desafio de se montar uma estratégia para um candidato em meio a todo risco já descrito ou ainda às crenças e valores pessoais que poderão levá-lo a se dedicar mais a uma instituição não governamental.
3. c
4. d
5. a

Capítulo 3

1. Resposta pessoal. Nessa questão, você deve escolher algum comércio ao qual é mais afeito – como a padaria perto de sua casa, por exemplo – e pensar em como faria a assessoria de imprensa (AI) para esse local. Construindo essa resposta, você compreenderá que precisa das informações do local, mas também deve entender as relações desse local com a clientela e com os veículos de comunicação regionais. É possível, ainda, sugerir uma entrevista com o dono do comércio, fazendo um perfil de personagem. Aqui, é preciso seguir o caminho descrito no

capítulo, realizando um diagnóstico antes de se determinar uma ação específica – como a entrevista, por exemplo. Será que seria o ideal falar com o tímido proprietário ou falar sobre os produtos e a clientela fiel? Qual é o objetivo da assessoria? Que imagens o assessor quer construir? Que imagem ele tem à disposição? A questão abre possibilidades de trabalho bem amplas.

2. Resposta pessoal. Aqui, você precisa mergulhar na subseção que aborda os tipos de avaliações. Você pode apontar que será necessário conhecer o cliente, o organizador do evento, para saber se ele é um profissional mais ligado a números ou a impressões qualitativas em relação ao tema. Como o tema tatuagem ainda é cercado de preconceito, é possível ser mais detalhista e levar em conta uma avaliação mais qualitativa, tentando medir matérias positivas e negativas e indicando veículos em que poderiam ser publicadas idealmente, como as revistas segmentadas da área.
3. b
4. c
5. e

Capítulo 4

1. Resposta pessoal. Essa é uma questão de cunho moral. Você deverá ponderar se entende a ação de presentear um jornalista como algo repreensível ou natural. É possível que você leve em conta o valor monetário do presente na decisão se seria algo ético ou não. Algumas pessoas defendem que, se for uma lembrança, como um bloco de anotações com um cartão, seria aceitável. Outras, no entanto, dirão que mesmo essa ação pode dar a entender outros tipos de relação. O argumento mais comum é que presentes caros devem ser evitados nessa situação.
2. Resposta pessoal. As pessoas mais radicais dizem que preferem não atender um cliente assim e trocar de trabalho. Não há nada de errado

nisso – é uma decisão que cabe a cada profissional. Já outras podem entender que se trata de uma situação de sobrevivência e manutenção do trabalho e, assim, sugerir que se faça um *release* que apresente pautas relacionadas a decorações para casamento, à rotina de preparação de eventos ou, ainda, à forma como se guarda dinheiro (editoria financeira) para realizar uma festa de casamento, propondo que o filho do empresário seja uma das fontes a serem consultadas para a matéria. É possível, ainda, mandar a notícia para as colunas sociais, o que não é raro de acontecer.

3. b
4. c
5. e

Capítulo 5

1. Resposta pessoal. Você precisa ponderar formas diferentes de responder ao colega jornalista. Antes, pergunte-se sobre o que o jornalista sabe, a fim de procurar as respostas dentro da organização. Outra possibilidade é ser mais previdente e se negar a fornecer a informação em *off*, apontando que enviará um comunicado oficial e que a empresa já sabe do que se está falando (mesmo que não se saiba, para poder ganhar tempo). Ou, ainda, é possível confirmar em *off* a informação ou negá-la, conforme o seu conhecimento e de acordo com o risco para o seu cliente.
2. Resposta pessoal. Há infinitas possibilidades de você responder a essa questão; dependerá dos seus conhecimentos em relação ao que pode ser feito na internet. Pode ser criado um *website* utilizando a estratégia do *flash* e dando movimento às maquetes com programações 3D; poderão ser feitos *e-mails* específicos para o público que se utiliza dessas maquetes – construtoras, arquitetos, museus de edificações –, encaminhando-os ao *site*; outra possibilidade é fazer uma campanha em redes sociais para testar a virulização das imagens; ou, ainda, produzir vídeos de alta qualidade para postar em *blogs*.

3. b
4. d
5. c

Capítulo 6

1. Resposta pessoal. É esperado, aqui, que você produza textos explicando as estratégias a serem utilizadas nesse *blog*. Entre elas, podem constar sugestões de abordagem de curiosidades sobre a fabricação de sabonetes no decorrer da história, destacando o tempo de empresa; é possível trazer como sugestão alguns perfis com a família fundadora da empresa; falar sobre essências, fornecedores; falar sobre clientes muito fiéis há anos; falar sobre funcionários que estiveram à frente das produções; produzir uma galeria de fotos. A determinação da periodicidade pode ser semanal a quizenal, ideais para esse tipo de mídia.
2. Resposta pessoal. Como nas outras proposições, as soluções aqui deverão variar desde o momento midiático vivido até as estratégias. O ideal é que você apresente um caso ou assunto atual e, despido de preconceitos sobre as informações que recebeu, proponha estratégias, como uma nota oficial, um pedido de desculpas em vídeo, uma coletiva, um *post* em rede social. O conteúdo e o formato também devem ser motivo de discussão, analisando a informação que será dada e o modo como isso será feito.
3. e
4. c
5. e

Sobre a autora

Nivea Canalli Bona é doutora em Comunicação Social pela Universidade do Vale do Rio dos Sinos (Unisinos), mestre em Comunicação Social pela Universidade Metodista de São Paulo (Umesp), especialista em Comunicação pela Pontifícia Universidade Católica do Paraná (PUC-PR) e jornalista formada pela mesma.

Considera-se uma pessoa de sorte por ter decidido trabalhar com comunicação, texto, escrita e informação quando tinha 13 anos. Mais de 30 anos depois, ainda é uma apaixonada pelas palavras e pelas relações. Continua empolgada com o imenso campo de atuação que o jornalismo e a comunicação oferecem para desenvolver vínculos e entrar em contato com todo o conhecimento desenvolvido no mundo.

Em 1998, fundou a Priory Comunicação e Design, onde trabalhou durante 10 anos fazendo comunicação para diversas empresas. Mais tarde, descobriu que a docência era empolgante, porque, mais que comunicar, ensinar os outros a comunicar é realmente fantástico.

A pesquisa veio tempos depois, também sem muita antecipação. No mestrado, essa busca por respostas para diversas questões a "mordeu" e a acompanhou ao doutorado. Nada mais que uma continuação do jornalismo que sempre pergunta e tenta buscar as respostas dos acontecimentos.

Na atualidade participa de três grupos de pesquisa: Processocom, na Unisinos; Comuni, na Umesp; e Jornalismo Alternativo na Era Digital, no Centro Universitário Internacional Uninter.

É também sócia da Sociedade Brasileira de Estudos Interdisciplinares da Comunicação (Intercom), da Asociación Latinoamericana de los Investigadores de la Comunicación (Alaic) e da International Assocation for Media and Comunication Researchers (IAMCR). Isso tudo porque ela acredita que, em grupo e por meio da comunicação, conseguiremos um mundo mais justo para todos.

Impressão:
Setembro/2017